Inhalt

Vorbemerkungen

Wir erleben in den letzten Jahren spektakuläre Fortschritte in der Erforschung des menschlichen Gehirns. Die Frage, wie stark und möglicherweise ausschließlich menschliches Verhalten und Entscheiden durch neuronale Prozesse determiniert wird, gehört zu den virulenten, nicht nur wissenschaftlichen, sondern auch gesellschaftlichen Auseinandersetzungen. Für die Erwachsenenbildung stellt sich in diesem Zusammenhang die konzeptionelle und bildungspraktische Frage, was die Erkenntnisse der modernen Gehirnforschung über die Entwicklung unterschiedlicher Lernfähigkeiten und die Beeinflussbarkeit von Gedächtnisleistungen aussagen und welche Lern- und Trainingskonzeptionen für die Erwachsenenbildung sich daraus ableiten lassen. Der vorliegende Band greift diesen Fragenkomplex auf.

Heide-Marie Kullmann und Eva Seidel gehen in zwei Schritten vor. In einem ersten – theoretischen – Teil werden der Aufbau des Gehirns und die Funktionen seiner einzelnen Teile dargestellt. Das Zusammenspiel der einzelnen Hirnregionen und ihre differenzierten Vernetzungen werden in ihrer Bedeutung für die Entwicklung unterschiedlicher menschlicher Fähigkeiten und Fertigkeiten einschließlich ihrer individuellen Ausprägungen und Besonderheiten deutlich.

Für die Erwachsenenbildung sind zwei sehr nachvollziehbar beschriebene Erkenntnisse von besonderer Bedeutung: Verhaltensänderungen und Lernen sind in jedem Lebensalter möglich, auch wenn sich im Lebenslauf Gewichtungen und Formen verlagern. Und die Leistungsfähigkeit des Gehirns und damit die Lern- und Gedächtnisfähigkeit sind ebenso konstitutiv abhängig von der sozialen und gesellschaftlichen Einbindung der Lernenden wie von regelmäßigem Training und hoher Motivation.

Auf der Basis der theoretischen Reflexionen entwickeln die Autorinnen im zweiten Teil des Bandes eine konkrete Konzeption eines Gehirn- und Lerntrainings. Versehen mit didaktischen Hinweisen und einer Vielzahl von Übungen gehen sie Lernzielen wie der Nutzung von Analogien als Gedächtnishilfe, logischem Denken, Denken in Strukturen, einer Stärkung des Langzeitgedächtnisses oder der Entwicklung von Phantasie und Kreativität nach. Die Kurskonzeption enthält auch den Umgang mit Alltagsfaktoren und ihren Einfluss auf Gehirn und Gedächtnis: Bewegung, Ernährung, Stress oder Krankheit.

Theoretische Reflexion und praktische Konzeption der Autorinnen erschließen ein Bildungsfeld, das in einer älter werdenden Gesellschaft, die geprägt ist von einer explosionsartigen Zunahme an Wissen und Information, mit der es umzugehen gilt, von zentraler Bedeutung ist: Wie ist die Lern- und Gedächtnisfähigkeit über den Lebenslauf hin zu erhalten und weiterzuentwickeln? Diese Frage gilt nicht nur für die Bildungsarbeit mit älteren Menschen, sondern sie stellt sich generell für alle Angebote von Erwachsenenbildung, bei denen anzustreben ist, dass der jeweilige Inhalt so aufbereitet und vermittelt wird, dass der Entwicklung und Funktionsweise von Gehirn und Gedächtnis Rechnung getragen wird.

Das Deutsche Institut für Erwachsenenbildung leistet mit diesem Band einen wichtigen und zugleich aktuellen Beitrag zur Qualifizierung der in der Weiterbildung tätigen Fachkräfte. Neuere wissenschaftliche Erkenntnisse aus dem Bereich der neurowissenschaftlichen Forschung werden vermittelt und in für die Praxis handhabbare Lehr-Lern-Einheiten umgesetzt. In der Reihe „Perspektive Praxis", deren Adressaten in erster Linie die Lehrenden in den Weiterbildungseinrichtungen sind, wird bewährtes Handlungswissen mit innovativen Methoden verbunden. Aus der Perspektive des Berufsalltags entworfen, stellen die Handlungsvorschläge und Kommentare zum Kursgeschehen eine Orientierung sowohl für Berufseinsteiger/innen als auch für erfahrene Kursleitende dar, die nach neuen Impulsen suchen. Die Fülle praktischer Übungen, die die erfahrenen Autorinnen den Leser/inne/n in diesem Band präsentieren, stellt unter anderem sicher, dass auch die Lehrenden selbst sich mit Lern- und Gedächtnistechniken auseinander setzen.

Wolfgang Beer

1. Einführung

Gedächtnishilfen seit Menschengedenken

Hand aufs Herz: Benutzen wir nicht alle unterschiedliche Hilfsmittel, um uns an wichtige Dinge zu erinnern? Der Knoten im Taschentuch, die Eselsbrücke, das ständige Wiederholen im Kopf helfen zwar nicht zuverlässig, unterstützen aber das Gedächtnis. Schon immer haben Menschen versucht, sich solcher Gedächtnisstützen zu bedienen. Versetzen wir uns ins Altertum, so erfahren wir, dass bereits Griechen und Römer Mnemotechniken (Gedächtnishilfen) verwendeten. Sie spielten in der Rhetorik eine große Rolle, Redner benutzten sie z. B. zum Behalten der wichtigsten Punkte ihrer Rede. Auch im Mittelalter, als die Menschen zumeist noch Analphabeten waren, war das entscheidende Mittel der Kommunikation die Sprache. Dies setzte voraus, dass man sich die Inhalte merken konnte (vgl. Le Goff 1989, S. 39). Für den mittelalterlichen Menschen war es selbstverständlich, für Intellektuelle, Rechtsgelehrte und Kaufleute gehörte das richtige Einprägen zur Ausbildung. Die „Gedächtniskünste" spielten eine große Rolle. Sieben Jahrhunderte später heißt es dagegen „Informationen abwehren" (Schneider 1999, S. 129). Wir leben in einer überinformierten Gesellschaft. Die Halbwertzeit des aktuellen Wissens (der Zeitraum, in dem im Durchschnitt die Hälfte wertlos geworden ist) geht immer mehr zurück: auf zehn Jahre im Hochschulwissen, im Fachwissen auf fünf, in der Welt der Computer auf ein Jahr. Wir versuchen, den Kopf zu entlasten, Lexika, Bibliotheken, Archive, das Internet übernehmen Gedächtnisfunktionen. Unser Problem ist nicht mehr, Vieles zu behalten, sondern Informationen auszuwählen.

Trotzdem wollen wir auf dem neuesten Stand sein, versuchen wir, uns so viel wie möglich einzuprägen. Das „lebenslange Lernen" wird zu einer wichtigen Forderung an uns alle, gerade weil sich das Wissen so schnell verdoppelt. Auch das in der Freizeit oder auf Reisen erworbene Wissen soll abrufbereit sein. Die in jungen Jahren in der Schule verwendeten Lernmethoden reichen für Erwachsene oft nicht aus, um Informationen effektiv zu speichern. So sind Gedächtnishilfen gefragt und es wird immer wichtiger zu wissen, wie behalten und warum vergessen wird. Auch wenn wir älter werden, wollen wir teilhaben am Tagesgeschehen. Der viele Jahre angenommene altersspezifische Rückgang der Lernfähigkeit wird durch neue Erkenntnisse widerlegt. Gerade die ältere Generation, die schwierige Kriegs- und Nachkriegsjahre durchstehen musste, will versäumtes Wissen nachholen. Sie will auch im Ruhestand geistig beweglich bleiben.

Gedächtnistraining – aktueller denn je

Heute ist es fast selbstverständlich, in jedem Programm einer Weiterbildungseinrichtung einen Gedächtnistrainingskurs zu finden. Ziel des Gedächtnistrainings ist es, nicht allein die Gedächtnisfunktionen zu steigern, sondern auch, die anderen Hirnregionen zu aktivieren, um die Leistungsfähigkeit des Gehirns zu unterstützen bzw. zu verbessern. So finden sich viele Bezeichnungen für diese Kurse in den Programmen, z. B. „Gehirnjogging“, „Gehirntraining“ oder „Geistig fit bleiben“. Wir haben uns für die Bezeichnung „Gehirntraining“ entschieden, benutzen aber auch den länger bekannten Ausdruck des Gedächtnistrainings gleichrangig.

Wir finden alle Altersgruppen in unseren Kursen. Jüngere nehmen teil, wenn der Abschluss einer Ausbildung oder eines Studiums bevorsteht, wenn sie sich fortbilden wollen oder einfach aus Interesse an diesem Thema. Manchmal dient der Gehirntrainingskurs als „Vorschaltkurs“. Die Teilnehmenden beabsichtigen den Besuch eines Sprachkurses oder planen eine Umschulung und wollen sich vorher über die Arbeitsweise des Gehirns und über Lerntechniken informieren. Ältere sind oft an fortlaufenden Kursen interessiert. Sie sind in Sorge wegen der Veränderungen im Alter, sie wollen Erläuterungen zur Arbeitsweise des Gehirns, Tipps für den Alltag und ein ständiges Training. Dann wird der Kurs Teil des Wochenprogramms, die Gruppe wächst zusammen, ein gemeinsames Essen wird zum Kursende organisiert und man freut sich auf das Wiedersehen im nächsten Kurs.

In Seniorenclubs und Seniorenheimen wird seit vielen Jahren Gedächtnistraining angeboten, allerdings eher im Rahmen eines unterhaltsamen Nachmittags. Auf Erläuterungen über die Veränderungen im Alter möchte man sich dort nicht ohne Weiteres einlassen. Oft fühlen sich die Älteren bei einer Übung an frühere – negative – Schulsituationen erinnert. Da das Durchschnittsalter der Bewohner und Bewohnerinnen eines Seniorenheims immer höher wird, leiden viele bereits an Hirnleistungsstörungen. Die Betreuerinnen müssen sehr behutsam vorgehen, um Überforderungen zu vermeiden. Einfache, auf diese Personengruppe zugeschnittene Übungen können Spaß machen und sind anregend.

Die Zielgruppen

Wir wenden uns mit diesem Buch sowohl an diejenigen, die interessiert sind, selbst einen Kurs zu diesem Thema anzubieten als auch an Kursleitende, die sich gründlicher mit der Arbeitsweise des Gehirns befassen wollen, um Kursinhalte durch Verwenden von Lernstrategien effektiver zu vermitteln und Lernverhalten von Teilnehmenden besser zu verstehen. So stellen wir uns vor, dass z. B. während eines Sprachkurses zum Thema Vokabellernen oder zur Vorbereitung einer externen Prüfung eine Kurseinheit zum Thema Gedächtnis und Lernen gestaltet wird. Auf diese Weise könnten Kursinhalte „gehirnfreundlicher" vermittelt werden. In zweiter Linie denken wir an den Personenkreis, der von uns zu Kursleitern und Kursleiterinnen im Bereich Gehirntraining ausgebildet wurde und dessen Wunsch es war, einmal Theorie und Praxis zusammengefasst in Händen zu halten. Auch Teilnehmende möchten nachlesen können, was in den Kursen erklärt wurde.

Der Aufbau des Buches

Kapitel 2 befasst sich mit den neurobiologischen Grundlagen, um die Vorgänge beim Lernen, Behalten und Erinnern besser verstehen zu können. Kapitel 3 beinhaltet die Entwicklung des Gehirns in den ersten Lebensjahren, die Veränderungen im Alter und neuere Forschungsergebnisse zu geschlechtsspezifischen Unterschieden. Es endet mit der Darstellung der demographischen Entwicklung. Da sie zur Folge haben wird, dass der Anteil von Älteren auch in Volkshochschulen steigt, werden wir in diesem Buch immer wieder auf das Lernverhalten der Älteren zurückkommen.

An die Sachinformationen schließt der didaktische Hauptteil des Buches an. Kapitel 4 stellt die Konzeption eines Kurses „Gehirn- und Lerntraining" vor. Kapitel 5 umfasst die wesentlichen Aspekte der Aktivierung des Gehirns von den Bedingungen und Strategien des Einprägens bis zum Prozess des Erinnerns und erläutert sie anhand von Übungen. Als Lesehilfe verweist hier das Symbol **„K"** auf Kommentare zur Kursebene, so dass der sich wiederholende Wechsel zwischen Fachinformationen, Übungen, Ansprache der Leserinnen und Leser und didaktischen Hinweisen deutlich wird. Kapitel 6 gibt Tipps für den Alltag, informiert über den Zusammenhang zwischen Gedächtnis und Bewegung bzw. Ernährung und beschreibt Krankheiten, die das Gehirn betreffen. Auch die Beschäftigung mit Alltagsproblemen und Gesundheitsfragen ist wichtig, weil sie die unmittelbare Bedeutung des Themas illustriert und das Kursgeschehen auflockert. Kapitel 7 beschäftigt sich mit den positiven Aspekten des Gehirntrainings und den Erfahrungen aus unserer Kurspraxis.

Theorie und Praxis – wie werden sie verknüpft?

Die im folgenden Kapitel erläuterten theoretischen Grundlagen basieren auf lernpsychologischen Konzepten und zum großen Teil auch auf den Ergebnissen der Hirnforschung. Der neurowissenschaftliche Blick auf die Prozesse des Lernens und Erinnerns hat unsere Sicht erweitert. Die Ergebnisse der Hirnforschung bestätigen oft Phänomene des Lernens, die wir aus Erfahrung kennen. Jeder weiß, dass es uns z. B. in jungen Jahren leichter fällt eine Sprache zu lernen oder dass eine Information mit emotionalem Inhalt besser im Gedächtnis haften bleibt als eine Information, zu der wir keine Beziehung haben. Die Hirnforschung zeigt auf, wie Informationen und Erfahrungen durch Tätigkeit von Nervenzellen verankert werden und wie wir neue Sachverhalte ein- und zuordnen können.

Wir versprechen uns von den Erkenntnissen der Hirnforschung keine grundsätzlich neuen Methoden, um besser zu lehren und zu lernen, sondern ein besseres Verständnis für die Prozesse des Lernens und die Arbeitsweise des Gedächtnisses. Es lohnt sich, darüber Bescheid zu wissen, warum Gefühle so bedeutend für das Speichern von Informationen sind, warum wir etwas besser behalten, wenn wir es mit vorhandenem Wissen verknüpfen, warum das Gehirn unterschiedliche Sachverhalte unterschiedlich verarbeitet und speichert.

Durch die aktuellen Diskussionen zwischen Psychologen, Pädagogen und Hirnforschern in den Medien sind auch Teilnehmerinnen und Teilnehmer an unseren Kursen auf die unterschiedlichen Sichtweisen aufmerksam geworden und interessieren sich für die neurobiologischen Zusammenhänge. Lernen die Teilnehmenden die Arbeitsweise des Gehirns näher kennen, werden auch die vorgestellten Übungen besser verstanden. Zwei Beispiele: Die Aufforderung, zwölf Begriffe im Gedächtnis zu behalten, kann Teilnehmende bereits an die Grenze ihres Aufnahmevermögens führen. Daran lassen sich gut Erläuterungen über die Funktion und die Kapazität des Kurzzeitgedächtnisses (vgl. Kap. 2.3.1) und seine Veränderungen im Alter (vgl. Kap. 3.2.3) anschließen. Eine Übung zum räumlichen Vorstellungsvermögen, z. B. sich einen Weg einprägen, kann zur Feststellung führen: „Das kann mein Mann aber viel besser“. Gerade die Unterschiede im weiblichen und männlichen Denken sind ein aktuelles Thema (vgl. Kap. 3.3) und führen zu spannenden Diskussionen. Der Grad der Vertiefung in die Theorie ist von der Aufnahmefähigkeit und den Interessen der Gruppe abhängig. Die Teilnehmenden können durch die Vermittlung der theoretischen Grundlagen und das Kennenlernen von Lernstrategien anhand von Übungen die Kompetenz entwickeln, ihre Gedächtniskapazitäten in Zukunft besser zu nutzen, um einen vorzeitigen Abbau geistiger Leistungen zu verhindern.

Ziel unseres Buches ist, etwas von der Faszination zu vermitteln, die von der Arbeitsweise des Gehirns ausgeht, und Möglichkeiten aufzuzeigen, aktiv die eigenen Gedächtnisprozesse zu beeinflussen.

Literatur

Le Goff, J. (Hrsg.) (1989): Der Mensch des Mittelalters. Frankfurt a.M./New York

Schneider, W. (1999): Wie die Menschheit ihr Kapital an Wissen und Können vergeudet. In: GEO, H. 4, S. 116–136

2. So arbeitet das Gehirn

2.1 Grundlagen für Gedächtnis und Lernen

Das Gedächtnis ist ein System, das wir verstehen müssen, um optimal mit ihm umgehen zu können. Deshalb ist es notwendig, einige theoretische Grundlagen kennen zu lernen. Am Beginn des Gedächtnisprozesses stehen unser Bedürfnis und unser Interesse, uns einer bestimmten Information zu widmen. Dazu benötigen wir Aufmerksamkeit und Konzentration. In einem aktiven Prozess der Wahrnehmung nehmen wir über die Sinnesorgane Signale aus der Umwelt auf. In verschiedenen Gebieten des Gehirns werden diese Signale verarbeitet, mit vorhandenen Gedächtnisinhalten verglichen und auf Grund unserer Erfahrungen emotional eingefärbt. Diese Informationen stehen uns dann entweder im Kurzzeitgedächtnis oder zu einem späteren Zeitpunkt im Langzeitgedächtnis zur Verfügung.

Sehr viele Gebiete des Gehirns werden für die Verarbeitung von Informationen benötigt. Deshalb zuerst ein Überblick über die Struktur unseres Gehirns und über die Arbeitsweise seines kleinsten Teils, der Nervenzelle. Diese allgemeine Einführung in die Grundlagen des Gedächtnisses und des Lernens basiert, soweit nicht anders zitiert, auf Kandel u. a. (1996), Roth/Prinz (1996) und Roth (2003).

2.1.1 Die Anatomie des Gehirns

Unser Zentralnervensystem besteht aus dem Rückenmark und dem Gehirn. Das Gehirn kann grob in drei Teile untergliedert werden: Stammhirn, Kleinhirn und Großhirn. Zum Stammhirn gehören verlängertes Mark, Brücke, Formatio reticularis, Mittelhirn und Zwischenhirn (vgl. Abb. 1). Es ist, entwicklungsgeschichtlich gesehen, der älteste Teil des Gehirns und steuert alle grundlegenden Lebensfunktionen wie Atmung, Kreislauf, Wach-Schlaf-Rhythmus. Das Kleinhirn ist für Bewegungsplanung und Gleichgewicht zuständig und ist wichtig für Motorik und Lernen. Das Großhirn umfasst die Großhirnrinde mit den beiden Großhirnhälften. Es nimmt 80 Prozent des gesamten Hirnvolumens ein und ist Voraussetzung für Denken, Bewusstsein und Gedächtnis. Tieferliegende Strukturen sind Basalganglien, Hippocampus und Amygdala (vgl. Abb. 3, S. 17). Sie sind bedeutende Teile des limbischen Systems, das Verhalten und Gefühle steuert sowie großen Einfluss auf die Bildung des Gedächtnisses hat. Oberhalb des Stammhirns sind alle Hirnteile spiegelbildlich in zwei gleiche Hälften geteilt.

Abbildung 1: Übersicht des Gehirns

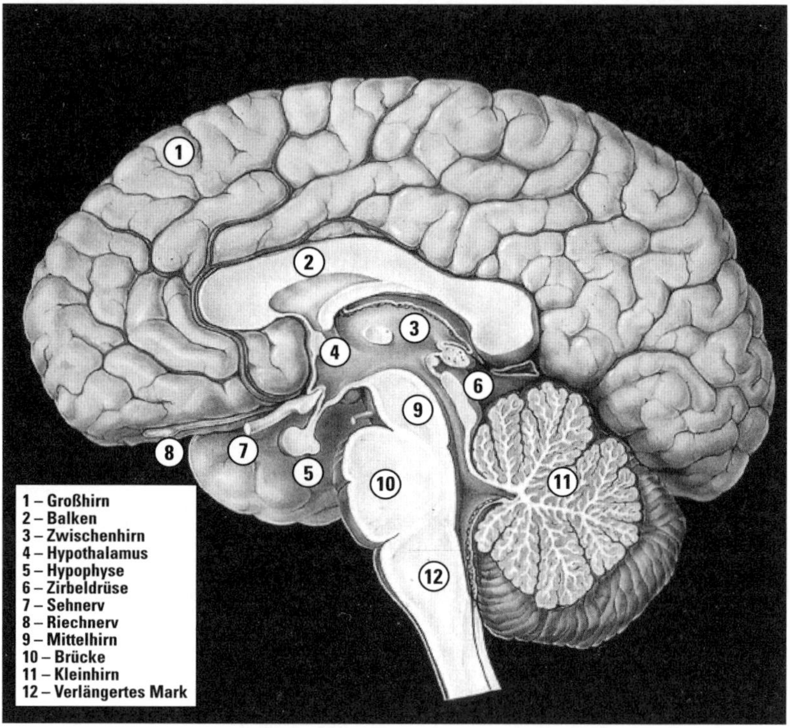

(Quelle: Scharf/Jungbauer: 1999)

Die wichtigsten Strukturen und ihre Funktionen im Detail

Das Verlängerte Mark ist die direkte Fortsetzung des Rückenmarks. Es ist die Schalt- und Durchgangsstelle aller vom Gehirn zum Rückenmark und umgekehrt ziehenden Nervenbahnen und Sitz vieler Reflexe. Es ist umgeben von den Nervenzellen der *Formatio reticularis,* die wichtige Funktionen wie Schlafen, Wachen, Blutkreislauf, Verdauung, Atmung kontrolliert und unsere Bewusstseinslage steuert. Sie schickt einen ständigen Strom der Erregung zum Großhirn. Wenn dieser Strom aufhört, fallen wir in den Schlaf.

Das Mittelhirn kontrolliert viele sensorische und motorische Funktionen, z. B. Augenbewegungen, und koordiniert visuelle und auditorische Reflexe.

Das Zwischenhirn umfasst drei Strukturen:

- Der *Epithalamus* enthält die Epiphyse (Zirbeldrüse), die bei der Kontrolle des Tag-Nacht-Rhythmus eine wichtige Rolle spielt.

- Der *Thalamus* ist die Umschaltstelle zwischen Sinnesorganen und Gehirn. Jedem Sinnesorgan ist ein bestimmtes Gebiet im Thalamus zugeordnet. Er scheint auch wichtig für die Aufmerksamkeit zu sein.
- Der *Hypothalamus* ist ein Zentrum zur Koordination lebenswichtiger Körperfunktionen und Verhaltensweisen wie Atmung, Herzschlag, Kreislauf, Nahrungs- und Flüssigkeitshaushalt, Wärmehaushalt. Er beeinflusst überlebenswichtiges Verhalten wie Flucht, Abwehr, Sexualität, Biorhythmen. Er ist Teil unseres Bewertungssystems. Außerdem steuert er über die Hypophyse (Hirnanhangsdrüse) den Hormonhaushalt.

Das *Kleinhirn* steuert das Gleichgewicht und die Feinregulierung der Muskeln. Es spielt zusammen mit den Basalganglien eine große Rolle bei der Ausführung von Bewegungen und ist ein wichtiger Faktor beim Lernen von Bewegungsabläufen wie Radfahren oder Schwimmen.

Das *Großhirn* besteht aus den *beiden Großhirnhälften* (Hemisphären), die von der stark gefurchten Großhirnrinde umhüllt und bedeckt werden, der darunter liegenden weißen Substanz (hauptsächlich aus Axonen und Gliazellen gebildet) und drei tiefer liegenden Strukturen:

- Die *Basalganglien* sind zuständig für Handlungsplanung und Bewegungssteuerung.
- Der *Hippocampus* ist ausschlaggebend sowohl bei der Verhaltensbewertung als auch bei der Speicherung von Gedächtnisinhalten.
- Die *Amygdala* ist wie der Hippocampus Teil des limbischen Systems und zuständig für die emotionale Verhaltensbeeinflussung.

Die Großhirnrinde (Cortex) setzt sich zusammen aus

- sensorischen und motorischen Arealen, in denen sensorische (aus den Sinnesorganen kommende) und motorische Befehle (die die Muskelbewegungen steuern) verarbeitet werden. Hier werden auch Informationen zur Steuerung von Körperbewegungen ausgetauscht. Diese Areale werden als primäre, sekundäre oder tertiäre (sensorische oder motorische) Gebiete bezeichnet, je nachdem, auf welcher Ebene der Informationsverarbeitung sie tätig sind;
- assoziativen Gebieten, in denen sensorische Nervenbahnen zusammenlaufen und untereinander und mit Gedächtnisinhalten verglichen werden. Sie haben vor allem die Aufgabe, verschiedenartige Informationen zu einer sinnvollen Handlung zu verknüpfen. In diesen Bereichen werden auch Gedächtnisinhalte langfristig gespeichert.

Der *Cortex* ist in vier anatomisch gut abgrenzbare Lappen unterteilt (vgl. Abb. 2):

- Stirnlappen (Frontallappen),
- Scheitellappen (Parietallappen),
- Schläfenlappen (Temporallappen),
- Hinterhauptslappen (Okzipitallappen).

Abbildung 2: Die Großhirnrinde, Karte der Lappen und einiger wichtiger Bereiche

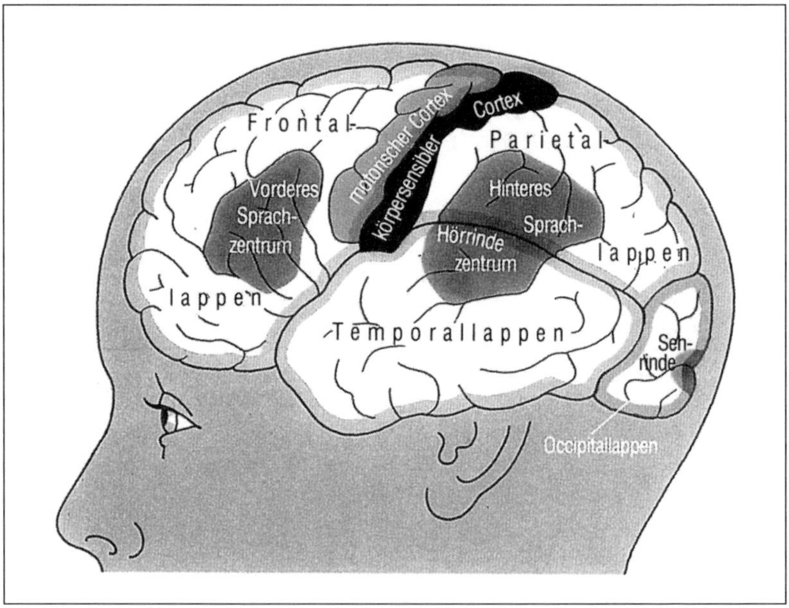

(Quelle: GEO Wissen: Gehirn – Gefühle – Gedanken 1987, S. 161)

Bereits vor mehr als 100 Jahren erkannte man, dass das Großhirn aus verschiedenen Bereichen besteht, von denen viele mit bestimmten Verhaltensweisen in Beziehung gesetzt werden können (vgl. Abb. 2). So dient z. B. der Stirnlappen u. a. der Planung zukünftiger Aktionen, der Sprachkontrolle und dem Gedächtnis. Der Schläfenlappen kontrolliert u. a. das Hören, das Sprachverstehen und wichtige Aspekte von Lernen, Gedächtnis und Emotion. Der Scheitellappen kontrolliert Tastgefühl und Körperwahrnehmung, der Hinterhauptslappen das Sehen. Jedoch steuern einzelne Regionen nur einfache Handlungsabläufe. Komplexe geistige Fähigkeiten werden erst durch die parallelen Verknüpfungen verschiedener Gehirnregionen ermöglicht. Die beiden Großhirnhälften sind durch den Balken (Corpus Callosum) verbunden (vgl. Abb. 1), der einen ständigen Austausch der Informationen gewährleistet. Welche Funktionen den einzelnen Großhirnhälften zugeordnet sind, wird im Kapitel 2.4 näher beschrieben.

2.1.2 Die Rolle der Gefühle – das limbische System

Emotionale Zustände werden im Gehirn vor allem durch das limbische System repräsentiert, das sich wie ein Ring um den Hirnstamm legt (limbus lateinisch = Saum). Die allgemeine Funktion des limbischen Systems besteht in der Bewertung dessen, was das Gehirn tut. Das Gehirn muss ein Verhalten erzeugen, das den Organismus in die Lage versetzt zu überleben. In Zusammenarbeit mit anderen Gehirnstrukturen aus dem Stammhirn, dem Hypothalamus, den Basalganglien und dem Großhirn wird Verhalten bewertet und das Ergebnis im Gedächtnissystem gespeichert. Bei jeder neuen Wahrnehmung wird dieses Ergebnis wieder aufgerufen, verglichen und neu eingeordnet. Bewertungs- und Gedächtnissystem hängen somit eng zusammen, denn jede Bewertung geschieht auf Grund des Gedächtnisses.

Abbildung 3: Blick auf die rechte Gehirnhälfte von innen

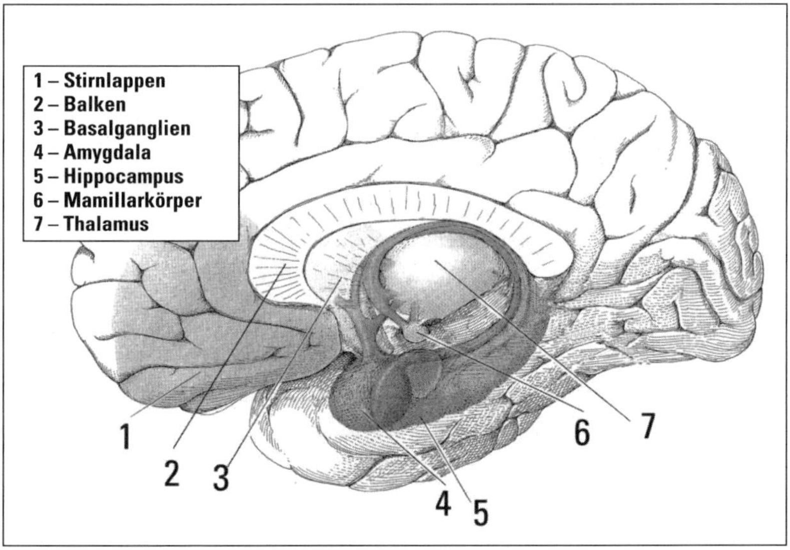

(Quelle: Ramanchandran 1992, S. 95)

Zu den wichtigsten Strukturen des limbischen Systems zählen Hippocampus (lateinisch für Seepferdchen wegen seines gewundenen Querschnitts) und Amygdala (lateinisch für Mandelkern wegen der Form). Der *Hippocampus* spielt eine wichtige Rolle beim deklarativen (fakten- und ereignisbezogenen) Langzeitgedächtnis. Die Operation eines Patienten in den 1950er Jahren, dem aus Gründen der Behandlung einer lebensbedrohlichen Epilepsie der Hippocampus beidseitig entfernt wurde, brachte die Wissenschaftler erstmals dazu, die Bedeutung des Hippocampus für das Langzeitgedächtnis näher zu betrachten: Das Gedächtnis des Patienten für Ereignisse vor der Operation war völlig intakt. Neue Erfahrungen konnte er nicht mehr langfristig speichern, obwohl die Großhirnrinde unversehrt geblieben war. Innerhalb weniger Minuten vergaß er alles gerade Erfahrene. Jedoch war es ihm möglich, motorische Fähigkeiten, wie Arbeiten an der Werkbank, zu lernen. Der Hippocampus erhält aus sehr vielen Bereichen der Großhirnrinde und der limbischen Regionen Informationen, die er für einige Zeit speichert und allmählich in assoziative Bereiche der Großhirnrinde, den eigentlichen Sitz des deklarativen Gedächtnisses, überführt. Nach einer anderen Hypothese findet im Hippocampus keine Speicherung statt, sondern er vermittelt lediglich die Speicherung an anderen Orten im Gehirn. Er legt fest, welche Wahrnehmungsinhalte wo, wie stark und in welchem Zusammenhang in den unterschiedlichen Gedächtnissen abgespeichert werden. Wahrscheinlich ist er auch am Abruf dieser Gedächtnisinhalte beteiligt. Wie das Beispiel des Patienten zeigt, gilt dies nur für das deklarative Gedächtnis. Motorische Fähigkeiten werden ohne Zuhilfenahme des Hippocampus im prozeduralen Gedächtnis gespeichert (vgl. Kap. 2.3.2).

Die *Amygdala* ist die Schaltstelle für Emotionen. Emotionen entstehen durch das Zusammenspiel von Amygdala, Hippocampus, Thalamus, Hypothalamus, Bereichen des Hirnstamms, die an der Kontrolle emotionaler Reaktionen beteiligt sind, und dem autonomen Nervensystem. Das autonome Nervensystem versorgt Skelettmuskeln und Sinnesorgane (als somatisches Nervensystem bezeichnet) und innere Organe – das so genannte vegetative Nervensystem. Dabei spielt die Amygdala die größte Rolle. Werden diese Regionen z. B. durch Erregungszustände aus den Sinnesorganen gereizt, so leitet die Amygdala Reaktionen ein, die durch den Hypothalamus koordiniert werden und z. B. bei Bedrohung Angriff oder Fluchtverhalten auslösen oder bei angenehmen Ereignissen positive Gefühle wie Freude oder Lust hervorrufen. Dieses Geschehen wird an die entsprechenden Neuronengruppen der Großhirnrinde zurückgemeldet, um durch Rückkopplung das emotionale Erlebnis bewusst werden zu lassen und eventuell zu speichern. Die Emotionen spielen eine sehr große Rolle beim Behalten von Informationen. In welcher Intensität wir Sachverhalte speichern und wie leicht wir sie wieder aufrufen können, hängt von unseren Gefühlen ab.

2.1.3 Vom Gehirn als Netzwerk bis zu seinem kleinsten Teil, der Nervenzelle

Die wichtigsten Bausteine des Gehirns sind Nervenzellen (Neuronen) und Gliazellen. Während die Nervenzellen für die Informationsübertragung zuständig sind, haben Gliazellen Nähr- und Stützfunktionen. Seit einiger Zeit wird vermutet, dass auch die Gliazellen an der Informationsverarbeitung beteiligt sind. Bis zu 100 Milliarden Nervenzellen arbeiten im Gehirn zusammen. Die Zahl der

Verbindungen geht in die Billionen. Ging man bis vor kurzem davon aus, dass die Neuronen bei Krankheit oder Verletzungen des Gehirns im Gegensatz zu Muskelzellen nicht erneuerbar sind, so hat sich vor allem bei Tierversuchen gezeigt, dass sich selbst im erwachsenen Gehirn an einigen Stellen noch neue Nervenzellen bilden. Allerdings lässt sich daraus bisher nicht schließen, ob in Zukunft Neuronen durch Medikamente neu gebildet werden könnten.

Wenn wir von unseren „grauen Zellen" sprechen, meinen wir die Zellkörper an sich. Ihre Fortsätze, die so genannten Axone (im Gegensatz zur grauen Substanz weiße Substanz genannt), verbinden die einzelnen Zellen miteinander. Jede Zelle verfügt nur über *einen* solchen Ausgang, während die „Empfangsantennen", die Dendriten, stark verästelt sind. Über diese Dendriten nimmt ein Neuron Signale von anderen Neuronen auf und leitet sie über das Axon an andere Nervenzellen weiter. Das Axon verzweigt sich an seinem Ende und bildet über Schaltstellen, die so genannten Synapsen, Kontakte mit weiteren Nervenzellen. Eine einzelne Nervenzelle, wie sie in Abbildung 4 oben gezeichnet ist, ist über die Synapsen mit tausenden anderen Nervenzellen verbunden. Ein durch die Sinnesorgane aufgenommenes Signal erzeugt nicht nur einen Impuls, sondern eine Abfolge von Impulsen, die in einer bestimmten Frequenz aufeinander folgen. Diese Erregungswelle, das so genannte Aktionspotenzial, pflanzt sich bis zur nächsten Zelle fort und ist so stark, dass sie auch in den nächsten Zellen ein Aktionspotenzial auslöst und weiter entfernt liegende Neuronen aktiviert.

Synapsen – Schaltstellen zwischen den Zellen

Wird eine Nervenzelle durch einen Sinneseindruck oder Gedanken gereizt, entsteht ein elektrischer Impuls, der durch das Axon bis zu den Synapsen läuft. Der Reiz muss allerdings stark genug sein, ist er zu schwach, werden die Synapsen nicht aktiviert. An den Synapsen verhindert ein winziger Spalt, dass der elektrische Impuls zur anderen Zelle wandern kann (vgl. Abb. 4). Dieser Spalt wird mit Hilfe von chemischen Überträgerstoffen, den Neurotransmittern, überwunden. Diese werden in kleinen Bläschen in den Synapsen gespeichert. Der elektrische Impuls bewirkt die Ausschüttung des Transmitters. Seine Moleküle schwimmen durch den synaptischen Spalt zur Zielzelle und heften sich dort an molekulare Tore, die so genannten Rezeptoren, in der Zellwand oder auf dem Dendriten an Daraufhin öffnen sich diese Tore, und der elektrische Impuls kann sich in die nächste Zelle fortsetzen. Genau genommen bestehen die Synapsen aus einem präsynaptischen Teil, im Allgemeinen der Synapse am Ende des Axons, und dem postsynaptischen Teil, der einen Teil der Zellwand oder eines Dendriten darstellt. Die Synapsen können erregend oder hemmend wirken, je nach dem entsprechenden Botenstoff und der Wirkungsweise der Rezeptoren. Sie lassen die Signale nur in einer Richtung passieren.

Abbildung 4: Der Aufbau einer Synapse

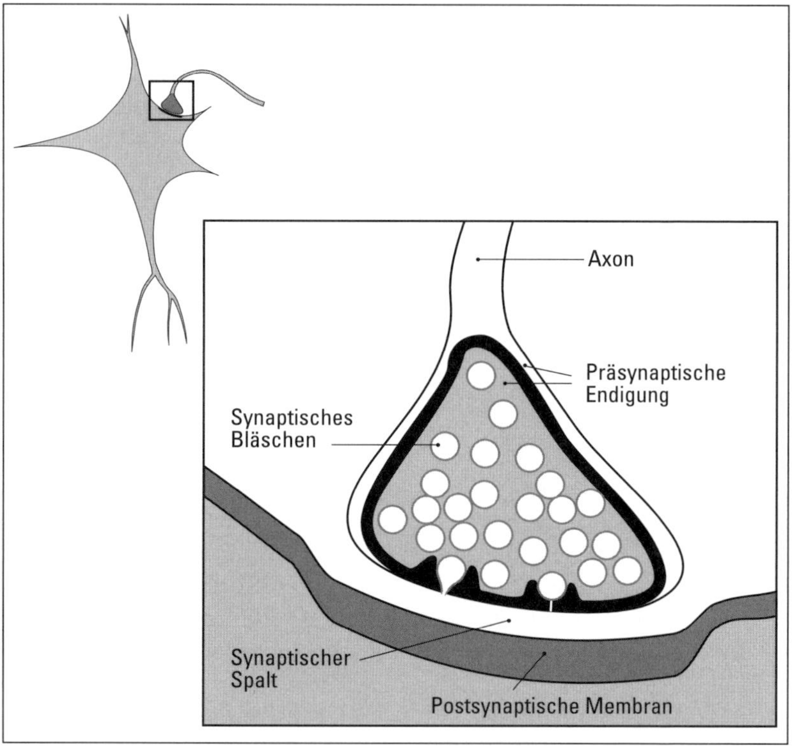

Die chemischen Botenstoffe

Die Neurotransmitter wirken auf den Rezeptor wie ein Schlüssel, der in ein entsprechendes Schloss passt. Über 100 Botenstoffe wurden bereits identifiziert. Sie bestehen aus Aminosäuren, den Bausteinen der Proteine (Nahrungseiweiße). Wichtige Transmitter sind Dopamin, Acetylcholin, Glutamat, Serotonin, Noradrenalin, GABA (Gamma-Aminobuttersäure) und Glycin. Einige Krankheiten beruhen auf einer zu geringen oder zu hohen Neurotransmitterkonzentration (vgl. auch Kap. 6.4).

Veränderbarkeit der Synapsen – Voraussetzung für Lernen

Übertragungsstärke und Anzahl der Synapsen sind veränderlich. Axonen können neue Enden wachsen, Verästelungen der Dendriten können sich umgestalten. Bei Nichtgebrauch können Synapsen auch degenerieren, so dass kein Aktionspotenzial mehr übertragen wird. Obwohl sich bis zum Abschluss der Pubertät ein vollständiger „Schaltplan" herausbildet, kann das Gehirn bis ins fortgeschrittene Alter seine neuronalen Verknüpfungen umgestalten (vgl. Kap. 3.1). Die Wissenschaftler sprechen von der Plastizität des Gehirns. Diese Veränderbarkeit ist eine grundlegende Voraussetzung für Aufnahme und Speicherung von Wissen. Forscher nehmen an, dass hier der Schlüssel zum Lernen liegt.

Zusammenschaltung der Nervenzellen – damit Gedächtnis möglich wird

Die Frage stellt sich nun, wie ein Sinneseindruck in den Zellen repräsentiert wird. Bei der Übertragung eines bestimmten Signals, wie z. B. eines Sinneseindrucks, wird eine Vielzahl von Nervenzellen zusammengeschaltet, indem sie eine gemeinsame Spannungsänderung erfahren. Diese Spannungsänderung verläuft synchron, d. h. die Impulse werden für kurze Zeit genau aufeinander abgestimmt, die Zellen „feuern" gemeinsam. Eine solche neuronale Kopplung kann auch zwischen verschiedenen Hirnbereichen geschehen. Sind miteinander verbundene Nervenzellen gleichzeitig aktiv, dann verstärken sich die Synapsen zwischen ihnen. Wird dieser Vorgang öfter wiederholt, entsteht so ein bestimmtes Aktivitätsmuster der zusammengeschalteten Nervenzellen. Bei Wiederholung des gleichen Sinneseindrucks wird sich dasselbe Aktivitätsmuster ergeben: Wir erinnern uns. Ein Beispiel: Um einen Kugelschreiber als mein Eigentum zu erkennen, werden alle Nervenzellengruppen, die an dem Erkennen beteiligt sind (z. B. an dem Erkennen von Form, Farbe, Gefühl der Bedeutung für mich) wieder zusammengeschaltet, sie feuern gemeinsam.

Langzeitpotenzierung – ein besonderes Modell der Verschaltung

Einen Mechanismus für die Bildung des Gedächtnisses haben wir gerade kennen gelernt: Wenn das Axon einer Zelle wiederholt elektrische Impulse an andere Zellen weitergibt, verstärken sich die Synapsen und die Zellen werden durch eine schlagartige Spannungsänderung zusammengeschaltet. Einen weiteren Mechanismus, die so genannte Langzeitpotenzierung, lernen wir beim Hippocampus kennen, dem Gehirnorgan, das eine große Rolle beim deklarativen Lernen und beim Aufbau des Langzeitgedächtnisses spielt. In seinen Zellen sind zwei verschiedene Torsysteme (Rezeptorenkanäle) vorhanden, von denen eines zunächst blockiert ist. Erst wenn die postsynaptische Zelle gleichzeitig von starken Aktionspotenzialen anderer Neuronen beeinflusst und Glutamat ausgeschüttet wird, wird die Blockade aufgehoben. Calcium-Teilchen fließen durch diesen Rezeptorkanal in die Zelle ein und aktivieren spezifische Proteine, die einen rückwirkenden Botenstoff freisetzen, der an der präsynaptischen Endigung die Glutamatausschüttung steigert. Somit wird die synaptische Signalübertragung anhaltend verstärkt.

Dieser Vorgang, die Langzeitpotenzierung, der im Hippocampus und auch in anderen Bereichen des Cortex stattfindet, scheint einen grundlegenden Prozess für die langfristige Speicherung von Gedächtnisinhalten darzustellen. Neben der anhaltenden Verstärkung der Synapsen spielen auch Gene und Proteine eine sehr große Rolle. Durch Untersuchungen bei Tieren wurde gezeigt, dass eine Zerstörung bestimmter Gene zu einem Verlust von Langzeitpotenzierung und zur Störung des räumlichen Lernvermögens führt.

2.1.4 Nervenzellen bei der Arbeit: die bildgebenden Verfahren

Gedächtnispsychologie und Neurowissenschaft benutzen unterschiedliche Verfahren, um dem Gedächtnis auf die Spur zu kommen. Psychologen versuchen, mit Hilfe von Tests Gedächtnisleistungen zu messen, z. B. in Bezug auf Schnelligkeit der Reaktion, Art der zu behaltenden Begriffe und Verhalten der Versuchspersonen. Sie untersuchen eher subjektive Leistungen des Gehirns. Die Neurowissenschaftler suchen nach den materiellen Grundlagen. Sie können aus dem Studium von Patienten mit begrenzten Hirnschäden, z. B. nach Unfällen, Tumoren oder Schlaganfällen, Schlüsse ziehen, welche Funktionen davon betroffen sind. Auch zu Hirnoperationen vorbereitete Patienten können untersucht werden, indem bestimmte Hirnareale elektrisch stimuliert werden. Solche Eingriffe sind bei lokaler Betäubung völlig schmerzfrei, weil das Gehirn selbst schmerzunempfindlich ist. Untersuchungen von einfachen Tieren, wie der Meeresschnecke Aplysia, bis hin zu Säugetieren, wie Ratten, Katzen, Affen, geben Aufschluss über die Arbeitsweise des Gehirns.

Ein älteres Verfahren wie das EEG (Elektroenzephalogramm) stellt die Gehirnströme graphisch dar, die mit Elektroden von der Kopfhaut von Menschen oder Tieren abgeleitet werden. Hieraus können Schlüsse auf die elektrische Aktivität vor allem der Großhirnrinde gezogen werden, jedoch wird der Ort des Geschehens nicht genau erfasst. Besser ist die räumliche Auflösung bei der neueren Magnetenzephalographie (MEG), mit der sich die Änderung von Magnetfeldern um elektrisch aktive Neuronenverbände millisekundengenau sichtbar machen lässt. Bildgebende Verfahren wie die Positronen-Emissions-Tomographie (PET) und die funktionelle Magnetresonanztomographie (fMRT) messen nicht die elektrische oder magnetische Aktivität, sondern den Energiebedarf von Hirnregionen. Sie liefern elektronisch aufbereitete Schnittbilder, so genannte Tomographien, die auf dem Bildschirm sichtbar werden. Bei der PET erhält die zu untersuchende Person eine radioaktive Zuckerlösung, die über die Blutbahn in den Hirnstoffwechsel gelangt. Da die Aktivität der Nervenzellen mit einer lokalen Erhöhung der Hirndurchblutung und des Hirnstoffwechsels einhergeht, wird diese sichtbar gemacht. Die entstehenden Gammastrahlen werden mit Detektoren registriert. Daraus entsteht ein dreidimensionales Aktivitätsbild des Gehirns mit sehr hoher Auflösung. Allerdings liefert PET keine Darstellung der Anatomie des Gehirns. Deshalb werden PET-Bilder mit computertomografischen Bildern des untersuchten Gehirns kombiniert.

Abbildung 5: PET-Aufnahme

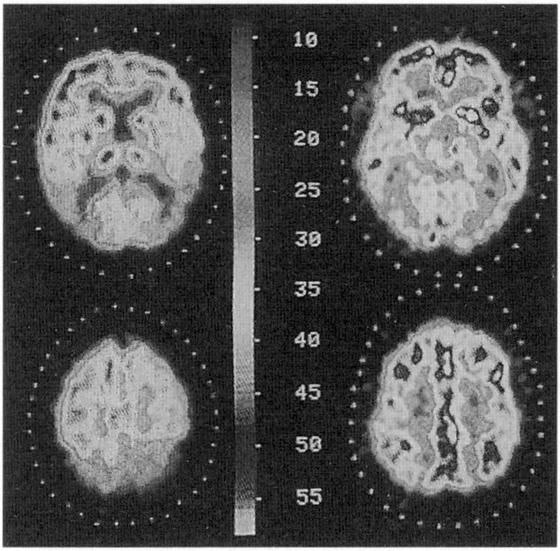

Hier werden Aufnahmen des Gehirns eines Alzheimer-Patienten (links) denen des Gehirns eines Gesunden gegenübergestellt. Die dunklen Teile der Gehirnaufnahme links oben zeigen gebremste Stoffwechselaktivitäten.

(Quelle: GEO Wissen: Gehirn – Gefühle – Gedanken 1987, S. 98)

Die bildgebenden Verfahren können zeigen, welche Bereiche der Gehirnrinde für eine bestimmte Leistung benötigt werden. Ansgar Beckermann äußert sich zu den Ergebnissen skeptisch, wenn er schreibt: „Denn auch sie zeigen nur, *wo* (und im günstigsten Fall auch *wann*) etwas stattfindet, aber nicht, *was* stattfindet" (Beckermann 1996, S. 421 f.). Auf Grund der sehr komplexen Struktur des Gehirns sei es außerordentlich schwierig, die einer bestimmten Leistung zu Grunde liegende neuronale Aktivität so genau zu beschreiben, dass es möglich wird, diese Leistung auch durch die Art dieser neuronalen Aktivität zu erklären.

2.2 Aufmerksamkeit – Wahrnehmung – Konzentration – Motivation

Das Aufnehmen von Informationen aus unserer Umwelt ist abhängig von unserer Aufmerksamkeit – von der Art und Weise, wie wir unsere Sinne konzentrieren und auf eine Sache oder Person ausrichten. Das Ziel der Aufmerksamkeit ist die Wahrnehmung, d. h. das Erfassen unserer Umgebung. Die meisten Informationen werden durch das Sehen aufgenommen. Auch der Hörsinn spielt eine große Rolle. Seh- und Hörsinn werden durch Geschmacks-, Geruchs- und Tastsinn unterstützt. Je mehr Sinne bei der Informationsaufnahme beteiligt sind, desto besser können wir lernen und uns erinnern.

2.2.1 Die Wahrnehmung am Beispiel des Sehsystems

Unser Sehsystem ist sehr leistungsstark. Es muss ständig Merkmale von Objekten analysieren, die nur für Sekundenbruchteile auf der Netzhaut beider Augen erscheinen. Unsere Augen führen eine Stop-and-go-Bewegung aus, fixieren ein Objekt ca. 0,2 bis 0,5 Sekunden und springen dann weiter. Trotz dieser kurzen Zeitspanne kann das Sehsystem die im Netzhautbild enthaltenen Informationen auswerten. Die von einem Objekt ausgehenden Lichtwellen werden durch Zellen der Netzhaut in elektrische Signale umgesetzt. Diese gelangen über den Sehnerv zum Thalamus, der Schaltstation im Zwischenhirn, und dann in diejenigen Bereiche der Großhirnrinde, in denen visuelle Eindrücke verarbeitet werden. Die elektrischen Signale werden parallel und in immer komplexeren Formen in Nervenzellen verarbeitet, die über weite Bereiche verteilten sind. Dabei findet eine Arbeitsteilung statt. So verarbeiten bestimmte Nervenzellverbände unterschiedliche Merkmale, wie z. B. Form, Farbe, räumliche Tiefe, Bewegung. Viele Millionen Nervenzellen sind an diesem Prozess beteiligt.

Abbildung 6: Verarbeitungsleistung des visuellen Systems

Sehen Sie den Dalmatiner?
(Quelle: Ramachandran 1992, S. 151)

Wie werden nun die in verschiedenen Bereichen verarbeiteten Signale zusammengeführt, um eine bestimmte Wahrnehmung zu erzeugen? Im Gehirn muss festgelegt werden, welche Merkmale zusammengehören, um eine Figur darzustellen. Es muss auch zwischen Figur und Hintergrund unterschieden werden, um das Objekt zu erkennen. Die Gestaltpsychologie hat Regeln beschrieben, nach denen unser Sehsystem Merkmale eines Objekts zu „Gestalten“ zusammensetzt, z. B. Ähnlichkeit, Kontinuität, Geschlossenheit, Symmetrie. So werden beispielsweise nach dem Gesetz der Ähnlichkeit sich ähnlich bewegende, benachbarte Bildteile zu einem Objekt zusammengefasst. Bei dem Bild mit dem Dalmatiner (vgl. Abb. 6) ist dies besonders schwierig, denn hier müssen die Signale, die zum Dalmatiner gehören, zusammengefasst und von den anderen, denen der Wiese, getrennt werden. Es wäre natürlich einfacher, wenn sich der Hund bewegen würde. Dieses Bild zeigt auch, wie leistungsfähig unser Sehsystem ist.

Hirnforscher nehmen an, dass sich alle Nervenzellen, die an der Erkennung des Objektes beteiligt sind, durch eine bestimmte Spannungsänderung zu Verbänden zusammenschließen, d. h. sie feuern zusammen (vgl. ausführlich Kap. 2.1.3). Feuern diese Nervenzellverbände mehrmals zusammen, so bilden sich synaptische Veränderungen: Das Objekt wird gespeichert. Unser Sehsystem erzeugt somit Abbilder der Außenwelt und speichert sie als Basis für weiteres Verhalten.

Ein Beispiel: Wird mir ein Ball zugeworfen, so durchläuft das dadurch ausgelöste Signal mehrere visuelle Bereiche in der Großhirnrinde und vergleicht das neue mit schon gespeicherten Mustern. Gedächtnisinhalte werden hinzugezogen, die über Erfahrungen in einer ähnlichen Situation Auskunft geben können. Besteht eine Übereinstimmung, so aktivieren diese Nervenverbände motorische Nervenzellgruppen, die wiederum Muskelzellen aktivieren, die mir ermöglichen, den Ball zu fangen. Und dies alles in Bruchteilen von Sekunden.

Es besteht ein enger Zusammenhang zwischen den Leistungen unseres Wahrnehmungssystems und Gedächtnisprozessen. Das bereits gespeicherte Wissen und seine Interpretation durch das limbische System ermöglichen eine Steuerung und Auswahl der neuen Informationen. Das heißt auch, dass Wahrnehmung ein aktiver Prozess ist, der immer mit unserem Vorwissen, unseren Erwartungen verknüpft ist. Es gibt somit keine Realität, die unabhängig von unserer Person wahrgenommen wird. Unterschiedliche Zeugenaussagen zu dem gleichen Unfallgeschehen sind dafür ein gutes Beispiel.

Zu Beginn dieses Kapitels haben wir auf den Zusammenhang von Aufmerksamkeit und Wahrnehmung hingewiesen. Durch unsere Aufmerksamkeit treffen wir die Entscheidung, uns nur einer bestimmten Sache oder Person zu widmen. Diese Auswahl hängt von unseren Bedürfnissen ab und sie ist lebensnotwendig, denn wenn wir alle Signale aus der Umwelt gleichzeitig verarbeiten müssten, würde unser Nervensystem zusammenbrechen.

2.2.2 Der Weg zur Konzentration

Zur bewussten Aufnahme von Informationen gehört neben der Aufmerksamkeit die Konzentration. Viele Gedächtnisprobleme beruhen auf mangelnder Aufmerksamkeit und fehlender Konzentration. Wenn wir die Aufmerksamkeit als den Grad der Zuwendung unserer Sinnesorgane auf Personen, Gegenstände oder Informationen betrachten, so wäre die Konzentration die Fähigkeit, unsere Aufmerksamkeit zu bündeln und für längere Zeit auf ein Ziel zu richten.

Unsere Konzentration wird oft unterbrochen, weil unsere Aufmerksamkeit immer wieder umherschweift, um Gefährdungen unserer Person auszuschließen. Dies ist von der Evolution vorgegeben, und wir können den Impuls selten unterdrücken. Viele innere und äußere Störquellen können uns davon abhalten, konzentriert zu sein, z. B. Lärm, Überlastung, Müdigkeit, schlechte Gesundheit, emotionale Probleme. Unkonzentriertheit scheint auch ein Zeichen unserer Konsum- und Überflussgesellschaft zu sein, die für nie versiegende Reizströme sorgt. Von allem gibt es immer mehr: Essen, Getränke, Kleidung, Termine, Informationen, Unterhaltung. Immer öfter und immer schneller müssen wir eine Auswahl treffen. Mit dem Älterwerden wird es offensichtlich schwieriger, die Wahrnehmung auf wichtige Dinge zu richten. Viele Gegebenheiten können ablenken: Krankheit, Schmerzen, Trauer, depressive Stimmungen. Auch die bloße Abnahme der Leistungsfähigkeit der Sinnesorgane kann Wahrnehmung und Konzentration beeinträchtigen. Zur Konzentration können wir uns nicht zwingen. Versuchen wir es mit großer Willensanstrengung, erreichen wir meist das Gegenteil. Hilfreicher ist es, die auftauchenden Gedanken wegzuschieben und uns so engagiert wie möglich auf den Sachverhalt einzustellen. Die „höheren" Qualitäten der Konzentration zeigen sich dann, wenn wir in einer Tätigkeit aufgehen. Es ist immer dann möglich, wenn wir mit großem Interesse und Freude an eine Sache herangehen. Bei Sportlern, Künstlern, Schachspielern finden wir eine hohe Form von Konzentration. Der Konzentrationsexperte Wolfgang Zielke sagt dazu: „Nicht Wille, sondern Interesse ist der Ausgangspunkt des Weges, der zur Konzentration führt" (Zielke 1993, S. 59).

2.2.3 Freude am Lernen, Motivation

Zum Lernen müssen wir uns nicht zwingen; die Lust zu lernen, die Neugier ist ein Teil unserer angeborenen Überlebensstrategie (vgl. Singer 2002, S. 181). Wie in Kapitel 2.1.2 beschrieben, spielen Emotionen bei der Gedächtnisbildung eine entscheidende Rolle. Zuständig ist das limbische System, das die eingehenden Informationen bewertet. Ist eine frühere Erfahrung z. B. mit Angst besetzt, so wird die Amygdala als Teil des limbischen Systems auch eine ähnliche Information negativ einfärben. Das erleben wir z. B. im Kurs oft bei Zahlen, da die schulische Mathematik bei vielen negativ besetzt ist. Dann kommt es darauf an, einen anderen Zugang zu Zahlen zu finden. Insgesamt können Gefühle Lernen fördern, indem sie die Aktivität neuronaler Netze intensivieren und damit ihre synaptische Verschaltung stärken. Informationen, die emotional gefärbt sind, prägen sich – wie wir wissen – besonders gut ins Gedächtnis ein. Sie bleiben auch abrufbereiter.

Steht nicht die Verarbeitung emotionaler Informationen aus der Umwelt im Vordergrund, sondern ein inneres Bedürfnis, so sprechen wir von Motivation. Die Motivation sorgt dafür, das wir überleben, lenkt das Verhalten auf ein bestimmtes Ziel, steigert die allgemeine Wachheit und macht uns handlungsbereit. Die Motivation ist der Antrieb, der uns den nötigen Schwung gibt. Sie sagt uns, warum wir in einer bestimmten Weise handeln. Da innere Bedürfnisse uns höher motivieren als von außen kommende Aufforderungen, sollten wir uns nicht nur fragen, wie wir die Teilnehmenden motivieren könnten, sondern insbesondere auch, warum sie nicht motiviert sind.

2.3 Die Stufen des Gedächtnisses

Im Allgemeinen wird das Gedächtnis in drei Systemen dargestellt:

- Das *sensorische Gedächtnis*, auch Ultrakurzzeitgedächtnis genannt, erhält für einige Sekunden den sinnesspezifischen Reiz aufrecht. Es ist sehr anfällig. Wird der Information Aufmerksamkeit zuteil, gelangt sie in den Kurzzeitspeicher.
- Das *Kurzzeitgedächtnis* ist begrenzt aufnahmefähig und störanfällig gegen neu hinzukommende Informationen.
- Das *Langzeitgedächtnis* hat eine sehr große Speicherkapazität und ist unempfindlich gegen Störfaktoren. Es gibt mehrere Formen des Langzeitgedächtnisses.

2.3.1 Das Kurzzeit- und Arbeitsgedächtnis

Selbst so alltägliche Handlungen wie eine Telefonnummer im Kopf zu behalten oder dnr Weg zum Briefkasten erfordern ein sehr genaues Zusammenspiel verschiedenster Sinneseindrücke und augenblicklich verfügbarer Gedächtnisinhalte. Dies leistet das Kurzzeitgedächtnis – heute genauer Arbeitsgedächtnis genannt.

Die Informationen aus der Umwelt werden im Arbeitsgedächtnis zwischengespeichert und zur Vorbereitung einer Handlung mit Daten aus dem Langzeitgedächtnis verglichen. Dazu wird ein kleiner Teil des Langzeitgedächtnisses ins Arbeitsgedächtnis überführt, bewusst gemacht und vorübergehend gespeichert. Offensichtlich besteht das Arbeitsgedächtnis aus drei Teilsystemen: einem zur Aufrechterhaltung sprachlicher Informationen, einem zur Aufrechterhaltung visuell-räumlicher Vorstellungen und einem für episodische Inhalte. Die Aktivitäten des Arbeitsgedächtnisses finden im so genannten präfrontalen Cortex statt, der Hirnrinde im vorderen Bereich der Stirnlappen. Er ist mit vielen sensorischen und motorischen Zentren sowie mit Bereichen des limbischen Systems verbunden. Der präfrontale Cortex wird aktiv bei der Planung und Vorbereitung von Handlungen sowie beim Lösen von Problemen und in diesem Zusammenhang beim Erinnern, Vorstellen und Denken. PET-Untersuchungen haben gezeigt, dass der präfrontale Cortex umso stärker aktiviert ist, je schwieriger sich ein bestimmtes Problem darstellt.

Das Arbeitsgedächtnis ist begrenzt, 5 ± 2 Informationseinheiten können auf einmal behalten werden. Wie lange die Information im Arbeitsgedächtnis gehalten werden kann, ist ungewiss. Zeitspannen von einigen Sekunden bis Minuten werden genannt. Dies hängt nicht von der reinen Verweildauer der Information ab, sondern davon, was mit der Information geschieht, während sie im Arbeitsgedächtnis ist. So zeigten Tests, dass sich Versuchspersonen viel besser an Wörter aus einer vorgelegten Wortliste erinnerten, wenn sie zuvor aufgefordert wurden, zu jedem Wort einen Satz zu bilden. Da es sich bei den genannten fünf plus/minus zwei Einheiten nicht um Wörter oder Zahlen, sondern um Bedeutungseinheiten handelt, können wir die Kapazität des Arbeitsgedächtnisses erhöhen, wenn wir bestimmte Sachverhalte zu einfachen Bedeutungseinheiten zusammenfassen oder mit Hilfe von Gedächtnistechniken verbinden können. Das Arbeitsgedächtnis ist außerdem recht störanfällig, wie wir aus Erfahrung wissen. So gilt nicht nur für die langfristige Speicherung, sondern auch für das kurzfristige Behalten das, was wir in den Kapitel 5.1 und 5.2 ausführen werden: Aufmerksamkeit – Wahrnehmung – Konzentration – Assoziation – Organisation. Die Beachtung dieser Komponenten führt zum sicheren Behalten. Gerade im Alter, wenn das Arbeitsgedächtnis langsamer und noch störanfälliger wird, kommt dem sorgfältigen Einspeichern eine besondere Bedeutung zu.

2.3.2 Das Langzeitgedächtnis und seine verschiedenen Formen

Wenn wir uns einen Sachverhalt wiederholt intensiv vergegenwärtigen und der Prozess des Anlegens einer neuen Gedächtnisspur nicht gestört wird, dann wird die Information vom Arbeitsgedächtnis in das Langzeitgedächtnis überführt. Wie eben beschrieben, wird im Arbeitsgedächtnis eine Verbindung zwischen der neuen Information und bereits vorhandenen Gedächtnisinhalten hergestellt. Diese Verknüpfungen können parallel nach unterschiedlichsten Gesichtspunkten vorgenommen werden. Es wird „etwas Neues immer in etwas Bekanntes hineingelernt" (Menzel/Roth 1996, S. 273).

Zwei Formen des Langzeitgedächtnisses werden unterschieden:

- Das *deklarative Gedächtnis* (auch explizites Gedächtnis genannt) speichert Lernvorgänge, die Orte, Menschen, Dinge betreffen. Es ist entweder semantisch (faktenbezogen) oder episodisch (ereignisbezogen). Das

semantische Gedächtnis speichert unser Wissen über die Welt. Das episodische Gedächtnis hält die Ereignisse unserer Vergangenheit fest.
- Im *prozeduralen Gedächtnis* (auch implizites Gedächtnis genannt) werden motorische Fertigkeiten wie Fahrrad fahren und Schwimmen, die Ausbildung von Gewohnheiten oder das Erlernen von bestimmten Regeln gespeichert.

Deklaratives und prozedurales Gedächtnis sind offenbar in verschiedenen neuronalen Schaltkreisen untergebracht. In der ersten Phase laufen die Prozesse gleich ab, denn zum Lernen von motorischen Fähigkeiten werden Aufmerksamkeit und Bewusstsein benötigt. Das prozedurale Gedächtnis dagegen bildet sich durch viele Wiederholungen und eher langsam aus. Der Abruf seiner Inhalte geschieht automatisch und ist nicht an bewusste Erinnerung gebunden. Die Inhalte des prozeduralen Gedächtnisses werden im Kleinhirn, in der Brücke und in den Basalkernen gespeichert. Jedoch ist die Speicherung nicht strikt getrennt. So ist das Kleinhirn auch am episodischen Gedächtnis beteiligt. Eine besondere Form des prozeduralen Gedächtnisses ist das Priming, d. h. „Bahnung": Eine unbewusst wahrgenommene Information kann sich bei Wiederholung auf unser Verhalten auswirken. Das Priming hilft uns beim Wiedererkennen einer Information mit Hilfe eines Hinweisreizes. So kennen wir das Phänomen, dass wir uns erfolgreich erinnern, wenn wir z. B. beim Suchen nach einem bestimmten Namen das Alphabet durchgehen. Oft helfen uns auch Bruchstücke einer Information, uns vollständig wieder daran zu erinnern.

Inhalte des deklarativen Gedächtnisses werden insbesondere den Schläfenlappen zugeordnet. Sie werden in den assoziativen Bereichen der Großhirnrinde gespeichert, und zwar sinnes- und funktionsspezifisch: Das visuelle Gedächtnis befindet sich in den visuellen Regionen, das Farbgedächtnis in den farbverarbeitenden Arealen, sprachliche Erinnerungen in den Sprachzentren usw. Es gibt somit nicht *das* Gedächtnis, sondern viele und zum Teil unabhängig voneinander arbeitende Gedächtnisse. Unser Wissen über eine Person etwa wird nicht zusammengefasst gespeichert, vielmehr gelangt die Kenntnis über ihr Aussehen, ihre Stimme, ihren Namen in unterschiedliche Hirnregionen. Dem Hippocampus kommt eine Vermittlerrolle beim Speichern von deklarativen Gedächtnisinhalten zu. Erst durch sein Einwirken wird eine langfristige Spur in assoziativen Gehirnregionen angelegt (vgl. Kap. 2.1.2).

Neue Gedächtnisinhalte sind störanfällig und werden erst mit der Zeit in ein stabiles langfristiges Gedächtnis überführt. Möglicherweise dauert es Wochen oder Monate, bis der Lernstoff im deklarativen Langzeitgedächtnis verankert ist. Roth (2003, S. 254) spricht von einer Konsolidierung, die sich über Jahre hinziehen kann. Starke Einflüsse kommen auch von anderen Teilen des limbischen Systems, vor allem von der Amygdala und den Basalkernen. Sie wirken auf Großhirnrinde und Hippocampus ein und sind an der Bewertung unserer Gedanken und an unseren Emotionen beteiligt. Jede Wahrnehmung wird interpretiert, das Resultat der Bewertung in den Gehirnarealen gespeichert und bei einer entsprechenden Situation wieder aufgerufen. Sind wir emotional stark berührt, so wird eine Information oder ein Gedanke schneller und stärker verankert, als wenn sie uns gleichgültig sind.

Wie in Kapitel 2.1.3 erläutert, werden beim Lernen eines Sachverhalts Tausende von Neuronen durch eine plötzlich auftretende Spannungsveränderung von einheitlicher Stärke zusammengeschaltet. Die Häufigkeit, mit der eine Synapse Nervenimpulse an die nachfolgende Zelle weiterleitet, beeinflusst ihre Übertragungsstärke. Wenn wir intensiv lernen, verstärken sich die synaptischen Verbindungen. Dadurch wird die Aktivierung, wenn wir uns erinnern, erleichtert. Die parallele Verarbeitung von Informationen in verschiedenen Hirnregionen und durch Tausende von Nervenzellen macht es möglich, dass kleinere Hirnverletzungen spezifisches Lernen oft nicht zerstören. Einige Komponenten der gespeicherten Information, d. h. veränderte Synapsen, bleiben bestehen. Außerdem kann das Gehirn auch aus einem begrenzten Vorrat an Informationen die ursprüngliche Erinnerung gut rekonstruieren (vgl. Kap. 5.3.2).

2.3.3 Ist auf unser Gedächtnis Verlass?

Ungeklärt ist die Veränderung des Langzeitgedächtnisses mit der Zeit. Seine Inhalte „zerfallen" nicht, sondern unterliegen einer „dynamischen Reorganisation" (vgl. Menzel/Roth 1996, S. 276). Die Tatsache, dass ein – wenn auch winzig kleiner – Teil des Langzeitgedächtnisses aufgerufen wird, wenn im Arbeitsgedächtnis eine neue Information bearbeitet wird, spricht dafür, dass diese Erinnerung durch neue Tatsachen verändert werden kann. Andererseits werden weit zurückliegende Ereignisse oft sehr genau erinnert. „Meines Erachtens stimmen die neuronalen Verschaltungen und Verbindungen die inneren Modelle von der Außenwelt auf neue Anforderungen und Situationen ab – aktualisieren also das individuelle Konzept der Realität" (Goldman-Rakic 1993, S. 65).

Ein Beispiel ergab sich anlässlich der Watergate-Affäre in den USA Anfang der 1970er Jahre: Ein Zeuge sagte vor dem Untersuchungsausschuss des Senats über ein Treffen mit Präsident Richard Nixon aus, das neun Monate zurücklag. Die Presse nannte ihn wegen seines genauen Erinnerungsvermögens ein „menschliches Tonbandgerät". Später stellte sich heraus, dass bei dem Treffen mit Nixon tatsächlich ein Tonband mitgelaufen war. Beim Vergleich mit der Zeugenaussage ergab sich, dass der Zeuge sich an manche

Dinge erinnert hatte, die gar nicht passiert waren. Er hatte einiges zugefügt und die eigene Rolle geschönt. Viele Details erwiesen sich als falsch. Im Kern allerdings stimmte die Aussage des Zeugen (vgl. Mainka 1996).

2.4 Die Funktionen von rechter und linker Hirnhälfte

Das Großhirn besteht aus zwei Hälften, der linken und rechten Hemisphäre. Beide Hirnhälften sind durch den Balken, das so genannte Corpus callosum, verbunden. Der Balken ermöglicht den Signalaustausch der Nervenzellen untereinander.

Sitz der Sprache

Offensichtlich gibt es eine Arbeitsteilung beider Seiten. Bereits vor über 100 Jahren stellten die beiden Neurologen Pierre Paul Broca (1824–1880) und Carl Wernicke (1848–1904) durch die Untersuchung von sprachgeschädigten Patienten fest, dass sich die Zentren für Sprache überwiegend in der linken Hirnhälfte befinden und dass sie sich auch in ihren Funktionen unterscheiden. So ist das Broca-Areal für Spracherzeugung, Grammatik und zeitliche Organisation von Sprache zuständig. Das Wernicke-Areal verarbeitet Eingangssignale der Sprache, die vom Ohr kommen, und ist wichtig für das Sprachverständnis. Beide Zentren stehen sowohl miteinander als auch mit anderen Hirngebieten in Verbindung.

Die beiden Hirnhälften sind anatomisch nicht vollständig symmetrisch, bereits beim Fetus liegt eine Asymmetrie vor. Die linke Seite ist bei den meisten Menschen dominant. Möglicherweise wird deshalb die linke Hemisphäre für Sprachfunktionen bevorzugt. Es gibt auch eine Reihe von Hinweisen darauf, dass sich die Muster der Hirnasymmetrie bei den Geschlechtern unterscheiden (vgl. hierzu Kap. 3.3). Jede Hirnhälfte steuert die ihr gegenüber liegende Körperseite. Auch ca. 85 Prozent der Linkshänder haben das Sprachzentrum in der linken Hirnhälfte. Bei 15 Prozent der Linkshänder wird die Sprache sowohl von der rechten als auch von der linken Hemisphäre kontrolliert.

Erkenntnisse durch Split-Brain-Patienten

Vor ca. 30 Jahren wurden Einzelheiten über die Spezialisierung der beiden Hirnhälften durch die Untersuchung von so genannten Split-Brain-Patienten bekannt. Ihnen wurde wegen schwerer Epilepsie der Balken durchtrennt. Roger W. Sperry (der 1981 den Nobelpreis für Medizin erhielt) und seine Kollegen verfolgten, was es bedeutet, wenn beide Hirnhälften nicht mehr miteinander kommunizieren können. Wurde einem solchen Patienten nach der Operation ein Bild im rechten Gesichtsfeld präsentiert, so konnte er es genau beschreiben, da es von der linken Hemisphäre verarbeitet wurde. (Die Signale, die von der rechten Körperseite in das Rückenmark eintreten, wechseln auf die linke Seite des Nervensystems, bevor sie zur Großhirnrinde weitergeleitet werden.) Erschien jedoch das Bild im linken Gesichtsfeld, so konnte er es nicht benennen, da es in die rechte Hälfte gelangt war, die nicht über Sprachvermögen verfügt. (Durch den Verlust des Balkens war ein Wechsel zum Sprachzentrum der linken Hemisphäre nicht möglich.) Der Patient hatte das Bild jedoch erkannt und konnte auf einen gleichen Gegenstand deuten.

Es zeigte sich, dass beide Hirnhälften selbstständig arbeiten können. Jedoch scheint eine Hirnhälfte oft für eine bestimmte Aufgabe besser geeignet zu sein als die andere. In jeder der voneinander getrennten Hemisphären scheint ein unabhängiger Strom des Bewusstseins zu existieren, in der einen Hälfte dominiert ein bewusster und sprachlicher Geist, der andere arbeitet vorwiegend automatisch.

Funktionsteilung

Im Allgemeinen werden den beiden Hemisphären folgende Funktionen zugeschrieben:

Linke Hemisphäre	***Rechte Hemisphäre***
rechte Körperseite	linke Körperseite
Sprechen und Verstehen von Sprache Lesen, Schreiben	Bildhafte Vorstellung Musikverständnis
Vorgehensweise Schritt für Schritt	ganzheitliches Erfassen
logisches Denken	intuitives Denken
Zahlen	Phantasie
Rechnen	räumliches Vorstellungsvermögen

Die Funktionsbereiche sind allerdings nicht scharf voneinander getrennt. So wird vermutet, dass in der rechten Hirnhälfte ebenfalls Sprachkomponenten bearbeitet werden. Ein Beispiel dafür, dass auch in der linken Hemisphäre Musik verarbeitet wird, ist der Komponist Maurice Ravel, dem eine Hirnerkrankung das Wernicke-Sprachzentrum zerstörte. Er verlor die Fähigkeit, einzelne Töne zu erkennen, Noten zu lesen, Klavier zu spielen und zu komponieren. Jedoch konnte er noch Melodien erkennen und kleinste Fehler im Konzert heraushören. Auch konnte er feststellen, ob ein Klavier gut gestimmt war.

Obwohl es ganz offensichtlich funktionelle Unterschiede zwischen den beiden Hirnhälften gibt, betonen einige Wissenschaftler, dass sich diese Funktionsteilung nicht so gravierend auswirke, da ein ständiger Informationsaustausch zwischen beiden Hirnhälften stattfinde. Aus den unterschiedlichen Funktionen beider Hemisphären können wir jedoch schließen, dass Informationen auf unterschiedliche Weise gespeichert werden: in der linken Hemisphäre eher in Worten und Zahlen, in der rechten in Bildern. Wenn wir das Speichern sprachlicher Informationen wirkungsvoll durch bildhafte Vorstellung unterstützen, werden beide Hirnhälften aktiviert, die Information wäre doppelt verankert: in Wort und Bild (vgl. Kap. 5.2.1).

2.5 Im Schlaf lernen?

Viele Untersuchungen gelten der Frage, ob bestimmte Schlafzyklen zur Festigung von gelernten Informationen dienen. Während des Schlafes wechseln sich Tiefschlaf(Non-REM)-Phasen mit Traum(REM = Rapid-Eye-Movement)-Phasen ab. Pro Nacht gibt es fünf bis sechs solcher Zyklen. Im Laufe der Nacht werden die Tiefschlafphasen immer weniger tief und die Traumphasen immer länger. Mit zunehmendem Alter nehmen die Tiefschlafphasen ab. Es wird vermutet, dass neu Gelerntes im Schlaf wieder bearbeitet, konsolidiert und verstärkt wird. Gedächtnisinhalte werden so verfestigt. Das kann dazu führen, dass sich am nächsten Morgen Probleme klarer darstellen und leichter lösen lassen, eine Erfahrung, die jeder Mensch schon einmal gemacht hat.

Wie im Kapitel 2.1.2 erläutert, spielt der Hippocampus eine wichtige Rolle beim Einspeichern von Informationen ins deklarative Gedächtnis (unserem autobiografischen und Wissensgedächtnis). Der Schlafforscher Jan Born (2004) nimmt an, dass die dort zwischengespeicherten Informationen im Schlaf reaktiviert und als Aktivitätsmuster zusammengeschalteter Nervenzellen an die Teile der Großhirnrinde zurückgesendet werden, wo sie ursprünglich verarbeitet wurden. Dort werde das neue Wissen dann mit dem Langzeitgedächtnis verknüpft (vgl. Spork 2004). In welcher Form der Schlaf bei der Speicherung von Informationen im deklarativen Gedächtnis eine Rolle spielt, ist noch nicht endgültig geklärt, weil die Informationen mehrere Tage im Gehirn zwischengespeichert werden und sie durch eine Nacht Schlafentzug nicht einfach gelöscht werden können. Es wird vermutet, dass das deklarative Gedächtnis vor allem den Tiefschlaf braucht.

Die Beweise, dass das prozedurale Gedächtnis (z. B. das Erlernen von Bewegungsabläufen) im Schlaf verstärkt wird, sind eindeutiger. Jan Born und Kollegen vertreten die Hypothese, dass prozedurales und emotionales Gedächtnis vor allem den Traumschlaf brauchen. Solche Erkenntnisse belegen die Bedeutung des ausreichenden Schlafes für das Gehirn, über die rein körperliche Erholung und Regeneration hinaus. Bei Schlafentzug entfällt die nötige Nachbearbeitung im Gehirn, neue Informationen werden oberflächlicher eingelagert, das Gedächtnis wird schlechter.

2.6 Dem Gedächtnis auf der Spur – Resümee

Offensichtlich sind alle Gehirnteile am Zustandekommen von Gedächtnis beteiligt. Das Stammhirn sorgt für die Wachheit und die Aufmerksamkeit. Das limbische System ist im Zusammenspiel mit Hypothalamus und Großhirn für die Bewertung unserer Gedanken und ihre emotionale Färbung von Bedeutung. Emotionen spielen beim Lernen eine überragende Rolle. Interessante und uns persönlich berührende Inhalte werden deshalb schneller und besser gelernt.

Speicherort für motorische Fertigkeiten ist das Kleinhirn, während unser Faktenwissen und biografische Ereignisse unter Vermittlung des Hippocampus in assoziativen Bereichen der Großhirnrinde gespeichert werden. So können wir nicht von *dem* Gedächtnis sprechen, da es offenbar viele und zum Teil unabhängig voneinander arbeitende Gedächtnisse gibt. Signale aus der Umwelt gelangen je nach ihrer Herkunft in die entsprechenden sinnesspezifischen Zentren der Großhirnrinde, werden nach unterschiedlichen Kriterien analysiert und mit im Langzeitgedächtnis gespeicherten Inhalten verglichen und bewertet. In Zusammenarbeit mit anderen Hirnbereichen werden dann bestimmte Vorgehensweisen oder Handlungen initiiert. Auch unsere genetische Ausstattung findet beim Lernen und Behalten ihren Niederschlag. Zudem ist es wichtig, wie weit wir die uns mitgegebenen Fähigkeiten nutzen. Effizientes Lernen wird unterstützt, wenn die Umgebung eine fördernde Rolle spielt. Neuere Untersuchungen weisen auch auf die Bedeutung des Schlafs für die Verfestigung von neuen Gedächtnisinhalten hin. Was das Gehirn speichert, zerlegt es offensichtlich in viele Einzelteile und fügt es später mosaikartig wieder zusammen. Das Zusammenfügen zu einem unverwechselbaren neuronalen Muster entsteht dadurch, dass die beteiligten Neuronen ihre elektrische Antwort vorübergehend synchronisieren. Bei wiederholter Zusammenschaltung verstärken sich die Verbindungsstellen zwischen den Neuronen, die Synapsen. Lernen hängt eng mit diesem Prozess zusammen.

Wie wird nun das Zusammenfügen der Einzelteile zu einem Gesamtbild gesteuert? Wie verknüpfen sich neue Informationen mit bereits vorhandenen Gedächtnisinhalten? Wie werden rationales und emotionales Handeln miteinander verbunden? Gut erforscht ist die obere Organisationsebene des Gehirns, die Strukturen der verschiedenen Hirnregionen und ihr Zusammenspiel. Auch über die untere Organisationsebene, die Arbeitsweise der einzelnen Nervenzelle und die Funktionen von Neurotransmittern, besteht weitgehend Klarheit. Wenig verstanden ist bisher die mittlere Ebene, d. h. die neuronalen Prozesse, wie sie beim Lernen, beim Erkennen und Planen von Handlungen vorkommen (vgl. Elger u. a. 2004, S. 31 ff.). Die oben genannten Fragen sind deshalb noch nicht beantwortet. Es gibt jedoch in Teilbereichen bereits Hinweise: So wird im Arbeitsgedächtnis ein Kontrollsystem vermutet, das den anderen Systemen im Arbeitsgedächtnis übergeordnet ist. Auch wird angenommen, dass es in den Sprachzentren Vermittlungssysteme gibt, die z. B. für einen bestimmten Begriff die passenden Wörter auswählen (vgl. Damasio 1993, S. 48 f.)

In den letzten 15 Jahren hat die Hirnforschung in vielen Bereichen Erkenntnisse gewonnen. Sie kann uns zeigen, was die Gedächtnisbildung erleichtert und wo das Gehirn an seine Grenzen stößt. Auch beruhigt uns zu erfahren, dass das Gehirn dank seiner Plastizität bis ins Alter lern- und leistungsfähig bleibt. Diese Erkenntnisse können uns helfen, uns mit Problemen des Lernens auseinander zu setzen. Sie liefern uns keine praktischen Handlungsanleitungen, sondern sind als erklärender Hintergrund für Lehr- und Lernprozesse zu verstehen (vgl. Becker/Roth 2004).

Literatur

Becker, N./Roth, G. (2004): Hirnforschung und Didaktik. In: EB Erwachsenenbildung, H. 3, S. 106–110

Beckermann, A. (1996): Können mentale Phänomene neurobiologisch erklärt werden? In: Roth, G./Prinz, W. (Hrsg.): Kopf-Arbeit. Heidelberg

Born, J. (2004): Schlummern für den Geistesblitz. In: Frankfurter Rundschau vom 30.03.2004, S. 28–29

Damasio, A. R./Damasio H. (1993): Sprache und Gehirn. In: Spektrum der Wissenschaft Spezial: Gehirn und Geist, S. 46–55

Elger, Ch./Friederici, A./Koch, Ch. u. a. (2004): Das Manifest. In: Gehirn & Geist, H. 6, S. 31–36

GEO Wissen: Gehirn – Gefühle – Gedanken (Hamburg 1987), S. 98

Goldman-Rakic, P. S. (1993): Das Arbeitsgedächtnis. In: Spektrum der Wissenschaft Spezial: Gehirn und Geist,. S. 56–65

Kandel, E./Schwartz, J./Jessell, T. (Hrsg.) (1996): Neurowissenschaften. Eine Einführung. Heidelberg

Mainka, I. (1996): So war es! War es so? In: DIE ZEIT vom 06.09.1996, S. 81

Menzel, R./Roth, G. (1996): Verhaltensbiologische und neuronale Grundlagen des Lernens und des Gedächtnisses. In: Roth/Prinz a.a.O., S. 273–276

Ramanchandran, V. S. (1992): Formwahrnehmung aus Schattierung. In: Spektrum der Wissenschaft Spezial: Gehirn und Kognition. Heidelberg, S. 151

Roth, G. (2003): Fühlen, Denken, Handeln. Frankfurt a. M.

Roth, G./Prinz, W. (Hrsg.) (1996): Kopf-Arbeit. Heidelberg

Scharf, K.-H./Jungbauer, W. (1999): Folienatlas Menschenkunde und Gesundheitserziehung. Baierbrunn

Singer, W. (2002): Der Beobachter im Gehirn. Frankfurt a. M.

Spork, P.(2004): Schlummern für den Geistesblitz. In: Frankfurter Rundschau vom 30.03.2004, S. 28–29

Zielke, W. (1993): Konzentrieren – keine Kunst. Reinbek

3. Lebenszeit und Gedächtnis

Üblicherweise bezeichnen wir als „Gedächtnis" die Produkte des Lernens, d. h. die erworbenen Fähigkeiten und das angeeignete Wissen. Sie sind im deklarativen beziehungsweise im prozeduralen Gedächtnis gespeichert. Im deklarativen Gedächtnis finden sich Abläufe, Menschen und Orte, an die wir uns bewusst erinnern, sowie unser Wissen über die Welt. Zum bewussten Erinnerungsvermögen kommen andere eher routiniert ausgeführte Fertigkeiten hinzu, z. B. Fahrrad fahren. Sie sind im prozeduralen Gedächtnis gespeichert (vgl. Kap. 2.3.2).

Lernen und Gedächtnis der Menschen beruhen auf individuellen Erfahrungen. Das Gedächtnis hat grundlegende Bedeutung für beinahe jedes Verhalten und Erleben. Denken wir dabei nur an die Fähigkeit, sich bewusst zu erinnern, an den Geruch in der Küche beim Bratäpfelbacken etwa oder an die Einrichtung der Küche in der Kindheit. Es ist der subjektive Eindruck, durch eine Kette von raum-zeitlichen Erlebnissen mit der eigenen Vergangenheit verbunden zu sein, der Identität schafft und uns das eigene Tun sinnvoll erscheinen lässt (vgl. Goschke 1996, S. 360). Außerdem, so hat die Gedächtnisforschung gezeigt, können Reize, die wir verarbeitet haben, an die wir uns aber nicht bewusst erinnern, das individuelle Verhalten, die Wahrnehmung und die daraus resultierenden Urteile zu einem späteren Zeitpunkt beeinflussen (vgl. ebd.). Als Beispiel sei hier nur das Trösten genannt: Kinder, die mit Süßigkeiten über Schmerzen, Absagen oder anderen Kummer hinweggetröstet werden, reagieren als Erwachsene anders als diejenigen, die mit Körperkontakt oder mit ausführlichen Erklärungen und Gegenstrategien getröstet wurden.

Gedächtnis und Erinnerungen gehören zum Alltag. Sie werden uns erst bewußt, wenn uns bestimmte Informationen nicht mehr einfallen oder wenn wir Schwierigkeiten haben, Neues zu lernen. Auch erstaunt uns, dass verschiedene Gedächtnisleistungen bei verschiedenen Personen ganz unterschiedlich ausgeprägt sein können. Dies deutet zum einen auf starke genetische Unterschiede in den Gedächtnisleistungen hin, aber auch auf die Auswirkungen unserer Erfahrungen und Umweltbedingungen auf die Entwicklung der neuronalen Verbindungen des Gehirns von der Geburt bis zum Abschluss der Pubertät. Gleichzeitig ist dies der Beleg, dass Informationen stets individuell bearbeitet und gespeichert werden.

3.1 Das Gedächtnis in den ersten Lebensjahren

Der Mensch wird mit allen Nervenzellen und mit einigen anfänglich bereits vorhandenen Verknüpfungen dieser Zellen geboren. Diese Verschaltungspläne enthalten das Basiswissen, das im Laufe der Evolution über die Welt erworben und in den Genen gespeichert wurde (vgl. Singer 2002, S. 90). Zum Beispiel sind Fähigkeiten des Laufens, Sprechenlernens, der Gesichtererkennung angeboren. Mit der Geburt beginnt die Ausbildung des Gedächtnisses – es beginnen Lernprozesse, deren Produkte als Aktivitätsmuster gespeichert werden. Die gespeicherten Muster nennen wir Gedächtnisinhalte. Das Gedächtnis vervollständigt auftauchende bekannte Musterstücke und kann sie mit anderen Gedächtnisinhalten verknüpfen. Mit dem Gesicht der Mutter etwa wird der Klang ihrer Stimme verbunden. In der Neurobiologie wird hier von einmal festgelegten Zellverknüpfungen gesprochen, die, wenn die Entscheidung für eine solche Verknüpfung getroffen ist, schwer zu verändern sind. Als gängiges Beispiel kann die Erfahrung erwähnt werden, dass wir die Stimme eines Menschen mit seinem Gesicht verknüpfen und großen Irritationen ausgesetzt sind, wenn der Mensch im Film etwa mit einer Synchronstimme spricht. Andererseits stellen wir bei dauerhaft veränderter Stimme gut bekannter Personen, mit denen wir regelmäßig umgehen, nach einiger Zeit neue Verknüpfungen her und lösen die alten auf.

3.1.1 Form und Inhalt – Das Gehirn organisiert sich

Die im menschlichen Gehirn angelegten Strukturen entwickeln sich im Allgemeinen bis zur Pubertät weiter. Nervenverbindungen werden neu hergestellt, es bilden sich neue synaptische Kontakte, die Verschaltung der Nervenzellen nimmt zu. Bis zum Abschluss dieses Entwicklungsprozesses werden etwa 30 bis 40 Prozent mehr Verbindungen angelegt, als letztlich im ausgereiften Gehirn übrig bleiben (vgl. Singer 2002, S. 92). In dieser Zeit besitzt das Gehirn seine größte Plastizität, es kann sich also erheblich verändern. Ein oft genanntes Beispiel dafür sind Musiker: Wenn bei einem Geigenspieler das kontinuierliche Üben schon im Kindesalter beginnt, wird den beanspruchten Fingern eine größere Repräsentationsfläche im sensorischen Cortex zugewiesen. So deutliche Veränderungen sind allerdings nur in der Zeit möglich, in der überschüssige Verknüpfungen im Gehirn vorhanden sind (vgl. ebd.). Etwa vom zehnten Lebensjahr an werden die unbenutzten Synapsen abgebaut, und zwar von Hirnregion zu Hirnregion unterschiedlich schnell. Mit dem 16. Lebensjahr ist der Abbau im Allgemeinen abgeschlossen. Anzunehmen ist, dass letzten Endes nur die Verknüpfungen erhalten bleiben, die durch Benutzung aktiviert werden. Das heißt also: Vor der Pubertät lernt man leichter!

3.1.2 Vom Allgemeinen zum Individuellen

Das frühe Einsetzen von Lernprozessen zeigt ebenso früh Ergebnisse, die auf komplexe Verständnismuster hinweisen. So lassen Untersuchungen an Säuglingen vermuten, dass diese schon Kategorien und Klassen bilden, bevor sie sprechen können. Sie entwickeln ein Verständnis dafür, was wesentlich zusammengehört. Bei Kleinkindern scheint es also bereits ein Wissenskonzept zu geben (vgl. Hagen 1999).

Beim Menschen ist die Fähigkeit sprechen zu lernen angeboren. „Innerhalb einer frühen Entwicklungsperiode produzieren alle Kinder dieser Welt, und zwar auch Taubgeborene, dasselbe Lautrepertoire. Dieses universelle Repertoire wird durch das aktuelle Lautangebot (die ‚Muttersprache') eingeengt, und die Sprachzentren des Kindes werden hierauf geprägt" (Menzel/Roth 1996, S. 248). Der primäre Spracherwerb, bei dem die Sprachzentren der Kinder auf das Lautangebot geprägt werden, erfolgt in einer so genannte *sensiblen* oder *kritischen* Periode innerhalb der frühen Entwicklung, in der Prägungslernen eine weit verbreitete Form ist (vgl. ebd.). Das spätere Erlernen von Fremdsprachen erfolgt offensichtlich durch einen anderen neuronalen Mechanismus als der erste Spracherwerb.

Wiederholungen als Stärkung der Synapsen zum sicheren Einlagern und leichteren Abrufen wenden Kinder, wie wir wissen, sehr früh und unbewusst an. Wer wäre nicht schon durch viertelstundenlanges Vorsprechen des immer selben Reimes entnervt worden und wer hätte nicht wenigstens zwei oder drei solcher Reime aus seiner Kindheit parat? Im Erwachsenenalter werden solche Mechanismen kaum angewendet, da diese Art der Wiederholung den Erwachsenen beim festen Einlagern kaum dient (vgl. Kap. 5.2.7). Alle Lernprozesse brauchen für ein bestimmtes Verhaltensrepertoire strukturelle und funktionale Voraussetzungen, die angeboren sein müssen. Grundbedeutungen bestimmter Ereignisse müssen klar sein, wie zum Beispiel Schimpfen als Strafe. Gleichzeitig bildet sich das Gedächtnis aber nur durch die Einlagerung individueller Erfahrungen. Das bedeutet: Fast jedes Verhalten ist durch individuelle Erfahrung und durch Übung zu verändern. Das ist in allen Lebensaltern möglich. Zwar sind im Erwachsenenalter die neuronalen Netzwerke endgültig angelegt und Verschaltungen im allgemeinen nicht mehr zu verändern. Jedoch kann die Wirksamkeit der vorhandenen Nervenzellverbindungen verändert werden. Diese können in ihrer Effektivität, in ihrer Koppelstärke entweder erhöht oder vermindert werden (vgl. Singer 2002, S. 94). Inzwischen hat man herausgefunden, dass sich auch im erwachsenen Gehirn zumindest im Kurzstreckenbereich – auf der Ebene einzelner Synapsen – noch neue Verschaltungen bilden können. Außerdem können für bestimmte Aufgaben zusätzliche Hirnregionen rekrutiert werden – etwa beim Erlernen von Fremdsprachen im fortgeschrittenen Alter (vgl. Elger u. a. 2004, S. 33).

Zusammenfassung
Das Gedächtnis wird in den ersten Lebensjahren, aufbauend auf strukturellen und funktionalen Voraussetzungen, aus Lernprozessen und Erfahrungen individuell gebildet.

Das junge Gehirn zeichnet sich aus durch
- hohe Plastizität und damit einhergehende Veränderbarkeit
- hohe Aufnahmefähigkeit
- gute ungestörte Verarbeitungsleistung
- feste Einlagerungsmöglichkeit.

3.2 Das Gedächtnis im Alter

So wie die Menschen altern, so altert auch ihr Gehirn. Die Vorgänge laufen allerdings nicht so dramatisch ab, wie dies früher im so genannten Defizitmodell beschrieben wurde. Bei gesund Alternden sind Einbrüche in Leistungsfähigkeit und Aktivität kaum, Rückzüge aus bestimmten Bereichen erst spät festzustellen. Heute wissen wir, dass sich alte Menschen individuell so sehr unterscheiden, dass von universellen und generellen Funktionsverlusten nicht gesprochen werden kann. Prinzipiell bleibt die Fähigkeit zu lernen, etwas wahrzunehmen und Neues zu speichern, bis ins hohe Alter erhalten, abhängig allerdings vom Gesundheitszustand, vom grundlegenden Wissen des Einzelnen, vom Bildungsstand und damit der lebenslangen Erfahrung mit Lernen und von seinem sozialen Umfeld. Dennoch beginnen bei den 50- bis 70-Jährigen altersbedingt strukturelle und chemische Veränderungen im Gehirn und es entstehen Verluste durch Genveränderungen. Betroffen sind Nervenzellen in sehr unterschiedlichen Bereichen. Die Auswirkungen dieser Veränderungen in Leistung und Verhalten sind oft weniger deutlich als die sichtbaren Zeichen im Gehirn (vgl. Selkoe 1992, S. 12). Pathologische Untersuchungen alter Gehirne zeigten etwa massive Verkalkungen, ohne dass der Mensch zu Lebzeiten verhaltensauffällig geworden wäre. Vermutungen, den beschriebenen Veränderungen läge ein „Alterungsfaktor" zu Grunde, sind nicht ganz unwahrscheinlich, da die altersbedingte Verkürzung der DNA ebenso bekannt ist wie die Eiweißveränderungen im Alter.

Untersuchungen haben ergeben, dass sich die Gedächtnisleistungen bei einigermaßen gesunden alten Menschen nicht erheblich verschlechtern, wobei die Vergleichsbasis die Leistungen sein müssen, die das Individuum in jüngeren Jahren erbracht hat (vgl. Thompson 1990, S. 262). Wir führen dieses Ergebnis auf die Wissensgrundlagen zurück, die im Lauf des Lebens erworben wurden, fest eingelagert sind und aktualisiert werden, das heißt: auf die immer wieder aktivierten bereits vorhandenen Verknüpfungen im Gehirn. Auf einige der Krankheiten, die speziell das Gehirn betreffen können, gehen wir in Kapitel 6.4 näher ein.

3.2.1 Form und Inhalt – biologische Vorgänge und soziale Komponenten

Die Fähigkeit, die Anzahl der Synapsen zu erhöhen, neue Kontakte herzustellen und alte zu verstärken, bleibt im Gehirn ein Leben lang erhalten. Das Gehirn scheint über Reserven zu verfügen, mit denen es kleinere Verluste ausgleichen kann (vgl. Selkoe 1994, S. 12). So setzt das Wachstum von Dendriten (den „Empfangsantennen" der Nervenzellen) in einer Phase verstärkt ein, in der Zellverluste größer werden, erlischt dann allerdings im sehr hohen Alter wieder. Durch die Möglichkeit der Dendriten, im Alter zu wachsen, ist somit eine Umgestaltung (im Sinne von Ersetzen verlorener) neuronaler Verknüpfungen denkbar.

Ob tatsächlich umgestaltet wird, hängt immer auch von den Möglichkeiten ab, im Alltag sozial integriert zu sein. Da größere Familienverbände kaum noch existieren und Nachbarschaftsgefüge vielfach aufgelöst sind, nimmt die Vereinzelung der alten Menschen ständig zu. Damit geht auch der Verlust an kognitiven Leistungen einher. Der Mangel an sozialen Kontakten, die fehlenden Anlässe, Gedächtnisinhalte zu benutzen, zu stärken und neu zu verankern, sind zusätzlich Ursachen für Verlangsamung und Erstarrung. Für alte Menschen ist die Einbindung in gesellschaftliche Bezüge nicht weniger wichtig als für Kinder. Kinder haben inzwischen von einem bestimmten Alter an einen Rechtsanspruch auf einen Kindergartenplatz, die sozialpolitische Entscheidung bei den Alten dreht das Wissen um Kommunikation und Beteiligung um. Die als segensreich eingeführte Pflegeversicherung führt systematisch zu Vereinzelung und verhindert gerade das Entstehen von neuen Anregungen und persönlichen Kontakten, da durch die organisierte häusliche Pflege nur die äußere Versorgung auf einem niedrigen Niveau gesichert ist. Kognitive und emotionale Leistungen werden, anders als im Zusammenleben in Gruppen, kaum abgefordert. Ein regelmäßiges Nutzen der vorhandenen Verknüpfungen im Gehirn findet selten statt, so dass die nicht aktivierten Synapsen langfristig funktionsuntüchtig werden, vergleichbar mit Bahnen und Wegen, die ungepflegt verwildern, bis sie langfristig unpassierbar sind.

3.2.2 Intelligenz ist mehrdimensional – Kompetenz ist gefragt

Verschiedene Untersuchungen haben sich mit der Intelligenz im Alter beschäftigt; dabei sind vergleichende Querschnittsuntersuchungen kaum aussagekräftig, wie wir inzwischen wissen. Die epochal so unterschiedlichen Lebens-, Arbeits- und Lernbedingungen verfälschen die Ergebnisse systematisch zum Nachteil der Älteren. Brauchbarere Erklärungsansätze finden wir, wenn wir die Dimensionen der Intelligenz unterscheiden (vgl. Kruse/Lehr 1996, S. 5/24).

Die *kristalline Intelligenz,* auch erfahrungs- und wissensgebundene Intelligenz genannt, bezieht sich auf allgemeines Kulturwissen, auf Sprachschatz und Sprachverständnis. Sie beinhaltet die Fähigkeit zur Lösung vertrauter kognitiver Probleme und Kenntnisse in Bezug auf Strategien zur Erfüllung von Anforderungen, die sich z. B. durch Beruf oder Familie ergeben. Sie repräsentiert Wissen und Erfahrungen, die im Laufe eines Lebens gesammelt wurden. Diese Intelligenzform ist bei Älteren gut ausgeprägt und wenig störanfällig. Sie nimmt bis ins hohe Alter kaum ab und sinkt erst nach einem Alter von 80 bis 85 Jahren.

Die *allgemeine oder fluide Intelligenz,* die in etwa der Leistungsfähigkeit des Arbeitsgedächtnisses entspricht, umfasst die grundlegenden Prozesse der Informationsverarbeitung und des Problemlösens. Dazu gehören die Geschwindigkeit der Informationsverarbeitung, die kognitive Umstellungsfähigkeit und die Fähigkeit zur Lösung neuartiger kognitiver Probleme. Schon nach dem 20. Lebensjahr nimmt ihre Leistungsfähigkeit ab. Der Abbau wird dadurch gemildert, dass Ältere für das verbale und räumliche Arbeitsgedächtnis beide Hemisphären benutzen – bei jungen Leuten ist das verbale Arbeitsgedächtnis überwiegend linkshemisphärisch, das räumliche Gedächtnis überwiegend rechtshemisphärisch angesiedelt. Zum anderen lässt sich die Leistungsfähigkeit des Arbeitsgedächtnisses in gewissem Maße durch Übung und den Gebrauch von Gedächtnishilfen verbessern. Auch wird die abnehmende fluide Intelligenz durch das Erfahrungswissen kompensiert (Roth 2003, S. 175 f.).

Nach einem neueren Konzept spielen bei der *praktischen Intelligenz* sowohl grundlegende kognitive Fähigkeiten als auch spezifische Fertigkeiten und Persönlichkeitsmerkmale eine Rolle, z. B. bereichsspezifisches Wissen und entsprechende Strategien, hohe soziale Kompetenz, Führungsqualitäten, Leistungsmotivation. Das reicht von der Alltagskompetenz, wie sie Großväter im privaten Bereich entwickeln, bis hin zur Kompetenz älterer Manager, die beruflich – oder nachberuflich als Berater – auf Grund ihrer Persönlichkeit (geprägt durch Wissen, Erfahrung, Entscheidungsfähigkeit und soziale Kompetenz) erfolgreich handeln.

3.2.3 Veränderungen im Alter

Mit dem Älterwerden geht in vielen Bereichen eine Verlangsamung einher, so auch bei den Lern- und Gedächtnisprozessen. Zum einen wird die Geschwindigkeit geringer, mit der Informationen bearbeitet werden, zum anderen werden weniger Informationen in einer bestimmten Zeit aufgenommen, und die Störanfälligkeit beim Lernen wird größer. Die Wahrnehmung wird durch die nachlassenden Sinnesorgane eingeschränkt. Das täglich zur Verfügung stehende Energiepotenzial nimmt ab. Ältere Menschen ermüden schneller und somit auch ihre mentalen Fähigkeiten. Die Kapazität des Arbeitsgedächtnisses verringert sich, weniger Inhalte werden bearbeitet und im Langzeitgedächtnis gespeichert. Außerdem fällt es im Alter besonders schwer, die Aufmerksamkeit zwischen mehreren Elementen zu teilen. Dadurch wird die Fähigkeit, sich etwas schnell und leicht einzuprägen, beeinträchtigt. Befunde aus Gedächtnisuntersuchungen weisen darauf hin, dass ältere Menschen im Durchschnitt schlechtere Erinnerungsleistungen erbringen als jüngere (vgl. Kruse/Lehr 1996, S. 5/28). Gleichzeitig ist für Ältere die Vertrautheit mit der Umgebung, mit der Art der Aufgaben und mit den Personen wichtiger als für Jüngere. Leistungseinbußen zeigen sich dann, wenn Aufgaben fremd und unstrukturiert sind und unter Zeitdruck erledigt werden müssen. Dazu leiden Ältere stärker als Jüngere unter Defiziten und Versagensängsten (ebd., S. 5/30 ff.).

Die genannten Einbußen lassen sich verringern, wenn Ältere sich mehr Zeit nehmen und ihnen mehr Zeit zugestanden wird. Dazu gehört auch, seine Kräfte gezielter einzusetzen und zu viele Verpflichtungen abzubauen. Bekanntes Wissen zu erweitern, wird leichter fallen, als sich ein völlig neues Interessengebiet anzueignen. Um die nötige Energie aufzubringen, helfen Neugierde und Motivation. Auch Ältere können durch Konzentrations- und Merktechniken ihr Gedächtnis verbessern. Sie müssen nachdrücklich angeregt werden, ihr Erfahrungswissen abzurufen, in neue Zusammenhänge zu stellen und positiv zu bewerten. Gute Erfahrungen helfen, dem Gedächtnis und sich selbst mehr zuzutrauen.

Positive Aspekte eines Gehirntrainings für Ältere

Die genannten Veränderungen können durch Lernaktivitäten positiv beeinflusst werden. Wie wir in den Kapiteln 2.1.3. und 3.2.1 gesehen haben, kann durch Lernen die Zahl der funktionellen Verknüpfungen der Nervenzellen bis ins hohe Alter zunehmen. Wahrnehmung und Konzentration können verbessert, bekannte Lernstrategien effektiver genutzt werden. Neue Strategien des Einprägens und Erinnerns haben positive Auswirkungen auf die Leistungen des Kurzzeit- und Langzeitgedächtnisses. Übungen, die anregen, Wissen und Erfahrungen abzurufen, aktivieren das Erinnerungsvermögen und fördern Diskussionen. Der Austausch in der Gruppe zeigt Stärken, die vorher nicht bewusst waren: „Ich kann doch mehr, als ich dachte." Neuere Untersuchungen belegen die Erfolge konsequenter und abgestimmter Trainingseinheiten für das Gedächtnis. So beweist z. B. die SIMA-Studie (Oswald/Rödel 1995) aus dem Jahre 1995 positive, andauernde Trainingseffekte (vgl. Kap. 7). Veränderungen im Gedächtnis lassen sich nicht grundsätzlich vermeiden. Wir können jedoch sagen: „Wer nicht rastet, der rostet nicht!"

Das Modell „Optimierung, Selektion, Kompensation"

Alterserscheinungen werden häufig von vielen gesunden Menschen kompensiert oder sogar positiv gewendet. Die Älteren benutzen ihr Wissen und ihre

Lebenserfahrung, sie setzen die besonderen Fähigkeiten der gereiften Persönlichkeit ein, um die allmählich einsetzenden Beeinträchtigungen im Alltag auszugleichen (vgl. Kap. 3.2.1). Um Leistungen zu erhalten, nutzen sie Strategien der Optimierung, der Selektion und der Kompensation. Ein vorzügliches Beispiel gab der hochbetagte Pianist Arthur Rubinstein: „Er bezwinge die Schwächen des Alters dadurch, dass er erstens insgesamt mehr übe (ein Beispiel für Optimierung), zweitens weniger Stücke spiele (ein Beispiel für Selektion) und drittens vor schnellen Passagen Verlangsamungen einführe, so dass das Nachfolgende im Kontrast dazu schneller erscheine (ein Beispiel für Kompensation)" (Baltes 1990, S. 183).

Zusammenfassung
Das alternde Gehirn verändert sich durch biologische Prozesse und wird durch das soziale Umfeld beeinflusst.
Es wird bestimmt durch
- geringere Plastizität,
- verminderte Geschwindigkeit der Informationsverarbeitung,
- verminderte Wahrnehmung und Konzentration,
- erhöhte Störanfälligkeit,
- erschwerte Abrufbereitschaft.

Dagegen bilden sich im Alter positive Mechanismen aus. Sie sind bestimmt durch
- Ausgleich der Verluste durch ein reiches Erfahrungswissen und Nutzung bewährter Strategien,
- weiteren Ausbau von bereichsspezifischer Erfahrung und entsprechendem Wissen,
- die Fähigkeit, neue Lern- und Gedächtnisstrategien zu erwerben.

Den Anforderungen und Anregungen aus dem Umfeld kommt eine besondere Rolle zu.

3.3 Der feine Unterschied – weibliches und männliches Denken

Interessanterweise gibt es ein gemeinsames Entwicklungsprogramm für die geschlechtliche Festlegung. Nur ein einziges Gen entscheidet über weiblich oder männlich, alles andere, die sehr wohl bestehenden Unterschiede zwischen weiblichen und männlichen Individuen, ist hormonell bedingt (vgl. Kelly/Jessell 1996, S. 592). Die Gehirnregion, die das weibliche und das männliche Fortpflanzungsverhalten steuert, ist der Hypothalamus. Er lenkt über die Hypophyse den Hormonhaushalt (siehe auch Kap. 2.1.1).

Forschungen in den 1990er Jahren vermuten, dass nicht nur die Sexualität und das Fortpflanzungsverhalten, sondern auch alle Verhaltensweisen, in denen die Geschlechter sich unterscheiden, durch Hormone festgelegt werden. Diese Hormone wirken bereits in der vorgeburtlichen Entwicklung des Fetus auf das Gehirn ein. Dies wird nun nicht nur als Erklärung für z. B. höhere männliche Aggressivität genannt, sondern auch für Unterschiede in den kognitiven Fähigkeiten, auf die wir im nächsten Punkt näher eingehen werden (vgl. Kimura 1994, S. 80).

Natürlich dürfen wir nicht vergessen, dass, wie in Kapitel 3.1.2 beschrieben, Verhalten nicht dauerhaft festgelegt ist. Durch die Auseinandersetzung mit der Umwelt kann sich Verhalten ändern, auch in der heutigen Gesellschaft. Deshalb wurde von den Sozialwissenschaften die Kategorie „gender" (soziales Geschlecht) eingeführt. Religiöse, soziale oder psychologische Gründe können dazu führen, dass biologisch ähnliche Personen sich beträchtlich in ihrem sexuellen Verhalten unterscheiden (vgl. Kelly/Jessell 1996, S. 605). Viele vorhandene Unterschiede in kognitiven Fähigkeiten, z. B. im Orientierungsverhalten, sind Strategien, die sich im Laufe der Evolution herausgebildet haben. Die Anforderungen an Frauen und Männer waren abhängig von stammesgeschichtlichen Überlebensnotwendigkeiten. Die Männer, zuständig für das Jagen in größeren Regionen, mussten eine große räumliche Orientierungsfähigkeit und Zielgenauigkeit mitbringen, während für die Frauen, zuständig für die Kindererziehung und die Haushaltung, eher feintaktile Fähigkeiten und das schnelle Wahrnehmen im Zusammenhang wichtig waren.

3.3.1 Abweichungen in Anatomie und Funktion

Im männlichen Gehirn findet sich im vorderen Hypothalamus ein Bereich, in dem größere und mehr Neuronen vorhanden sind als im weiblichen. Die an dieser Stelle gebildeten Verknüpfungsmuster lösen möglicherweise geschlechtsspezifische Verhaltensweisen aus. Dazu kommen Unterschiede in der Nutzung der beiden Hirnhälften, auf die es deutliche Hinweise gibt. Frauen scheinen bestimmte räumliche und sprachliche Aufgaben eher mit beiden Hemisphären zu lösen, während sich Männer bei räumlichen Aufgaben mehr auf die rechte, bei sprachlichen Aufgaben mehr auf die linke Hemisphäre beschränken. Vorteil der Asymmetrie des männlichen Gehirns ist eine raschere Informationsverarbeitung, Nachteil eine größere Störanfälligkeit, z. B. wenn das Gehirn durch Ausfälle geschädigt ist. Der sogenannte Balken, über den ein Austausch zwischen beiden Hirnhälften stattfindet, scheint bei Frauen stärker zu sein als bei Männern. Auch dies zeigt, dass im weiblichen Gehirn die beiden Hemisphären enger miteinander verbunden sind (vgl. Hausmann 2003).

Testergebnisse lassen darauf schließen, dass sich die Hemisphären bei Jungen früher spezialisieren als bei Mädchen. Verschiedene hormonelle Einflüsse auf die Gehirnentwicklung werden also in den kognitiven Unterschieden zwischen den Geschlechtern sichtbar (vgl. Kimura 1994, S. 78). Die spätere und nicht so eindeutige Festlegung kognitiver Funktionen auf eine Hirnhälfte bedeutet für die Gehirne von Mädchen größere Formbarkeit über längere Zeit als für die der Jungen. Dabei ist die Feststellung wichtig, dass sich die Geschlechter in spezifischen kognitiven Fähigkeiten zwar wesentlich unterscheiden, nicht aber in der Gesamtintelligenz.

Tatsächlich haben Forscher herausgefunden, dass schon dreijährige Jungen beim Werfen besser treffen als gleichaltrige Mädchen, bereits vor der Pubertät finden wir Unterschiede beim räumlichen Vorstellungsvermögen zwischen den Geschlechtern. Der Preis der früheren und festeren Lokalisierung in einer Hirnhälfte liegt in der verminderten Substituierbarkeit bei den Männern. Ausfälle, die durch Krankheiten oder Unfälle entstanden sind, können von Männern sehr viel schlechter ersetzt werden als von Frauen, die die jeweils andere Hirnhälfte entweder sowieso schon stärker bei Aufgabenlösungen mitbenutzen oder im Bedarfsfall besser dafür aktivieren können. Die Fiktion, die Stanislav Lem in seinem Zukunftsroman „Friede auf Erden" entwickelt, dass nämlich eine Hirnhälfte gegen die andere kämpfen muss, weil der „Balken" getrennt wurde, könnte dann eigentlich so nur für männliche Gehirne gelten.

3.3.2 Vorurteil oder Realität?

Betrachten wir den Durchschnitt gesunder Männer, so finden wir sie im Vorteil bei der Bewältigung folgender Aufgaben:

- mathematisches Schlussfolgern,
- räumliches Vorstellungsvermögen,
- gedankliche Drehung dreidimensionaler Objekte,
- zielgerichtete motorische Fähigkeiten (z. B. fangen oder werfen),
- sicheres Auffinden einfacher Formen in übereinander gelegten Figuren.

Frauen haben es im Durchschnitt leichter bei

- Rechenaufgaben,
- der Wahrnehmungsgeschwindigkeit,
- der gedanklichen Beweglichkeit (Ideenflüssigkeit, Wortfindung),
- der feinmotorischen Koordination,
- der Erinnerung von Gruppierungen und deren Veränderungen.

Diese typischen Geschlechtsunterschiede beziehen sich auf den Durchschnitt großer Testgruppen, sagen aber nichts über die individuellen Fähigkeiten von Frauen und Männern aus. Aber finden wir nicht auch charakteristische Unterschiede z. B. bei Wegbeschreibungen und Wegfindungen? Frauen orientieren sich vorwiegend an markanten Punkten (alte Holzbrücke) und wiederzuerkennenden Merkmalen (grüne Markisen), Männer ziehen Straßennummern und Anzahl der zu überquerenden Kreuzungen vor. Beide orientieren sich gleich gut, vermitteln aber ihre Art der Beschreibung ohne nennenswerte Irritationen erfolgreicher an Menschen gleichen Geschlechts.

So sehen wir, dass Männer und Frauen Probleme gleich gut lösen, aber offensichtlich auf unterschiedlichen Wegen. Manche kognitiven Aufgaben fallen Männern leichter, andere Bereiche – wie der Umgang mit Sprache – sind eher Domäne der Frauen.

Aber wie wir wissen, sind Veränderungen immer möglich. In unseren Kursen sehen wir durchaus Trainingseffekte: Die gedankliche Erfassung von gedrehten dreidimensionalen Gegenständen kann bei weiblichen Teilnehmenden verbessert werden. Ein männlicher Teilnehmer stellte fest, dass seine Wort- und Ideenflüssigkeit durch das Training im Kurs besser geworden ist.

Zusammenfassung
Neuere Forschungsergebnisse erklären geschlechtsspezifische Unterschiede in kognitiven Fähigkeiten mit hormonellen Einflüssen, d. h. gekoppelt an das biologische Geschlecht (sex). Andererseits ist geschlechtsrollentypisches Verhalten wie auch die Einschätzung der Geschlechter stark durch die gesellschaftlichen Verhältnisse geprägt (gender = soziales Geschlecht). Die beiden Erklärungsansätze „sex" und „gender" zeigen, dass wir nicht „geschlechtsneutral" unterrichten können.

3.4 Gesellschaftsstruktur und soziale Daten

Wir leben in einer alternden Gesellschaft. Von einer solchen sprechen die Sozialwissenschaftler, wenn über längere Zeit die Lebenserwartung der Mitglieder der Gesellschaft steigt und die Geburtenraten zurückgehen. In Deutschland müssten 2,1 Kinder von jeder gebärfähigen Frau auf die Welt gebracht werden, um die Altersstruktur gleichzuhalten, geboren werden aber nur 1,3 Kinder. Eine Veränderung ist bis 2015 nicht prognostiziert. Dies bedeutet, die Zahl der Älteren und Alten steigt absolut und relativ ständig an (vgl. Tab. 1; vgl. auch Statistisches Bundesamt, Europäische Sozialstatistik Bevölkerung 2000, S. 87 und 125).

Durch Zuwanderung wird dieser Trend nicht aufgefangen, da einerseits die Zugewanderten ebenfalls altern, andererseits sie und ihre Nachkommen ihr Fortpflanzungsverhalten anpassen. Ein drastisches Beispiel dafür lieferte die Geburtenziffer der ostdeutschen Länder, die sich nach der Vereinigung in wenigen Jahren halbiert hat. Die Mehrkinderfamilien werden immer weniger, der Anteil der kinderlosen Paare steigt, gleichzeitig nehmen die Einzelhaushalte zu. Von den mehr als vierzehn Millionen Einpersonenhaushalten (vgl. Tab. 2 und 3) werden mehr als fünf Millionen von Menschen geführt, die 65 Jahre oder älter sind, davon sind mehr als vier Millionen Frauen. Dies weist auf die geringer werdende Zahl der Mehrgenerationenfamilien hin und auf die große Zahl allein lebender alter Frauen. Die gestiegene Mobilität auch im Zusammenhang mit der Arbeitsplatzsuche verhindert ein dauerhaftes Zusammenleben größerer Gruppen. Gesetzliche Vor- und Fürsorge des Sozialstaats verändert den Verantwortungsbereich der Generationen untereinander. Dies wird unterstützt durch die zunehmende Verstädterung, wo schon auf Grund des knappen Lebensraums nur kleinere Familien gemeinsam unterkommen können.

Tabelle 1: Bevölkerungsentwicklung in Deutschland

Jahr	Insgesamt	65 Jahre und älter	%
1975	78 464 873	11 745 442	14,7 %
1985	77 660 533	11 388 814	14,7 %
1995	81 817 499	12 732 450	15,6 %
2000	82 259 540	13 694 014	16,6 %
2002	82 536 680	14 438 819	17,5 %

(Quelle: Statistisches Bundesamt, Statistisches Jahrbuch 2004, S. 40)

Tabelle 2: Entwicklung der Einpersonenhaushalte

Jahr	Privathaushalte	Haushalte mit einer Person	Personen pro Haushalt
1996	37 281 000	13 191 000	2,20
2003	38 944 000	14 426 000	2,13

(Quelle: Statistisches Bundesamt, Statistisches Jahrbuch 2004, S. 45)

Tabelle 3: Einpersonenhaushalte nach Alter und Geschlecht

Alter	Insgesamt	Frauen	Männer
65 u. mehr	5 261 000	4 186 000	1 075 000

(Quelle: Statistisches Bundesamt, Statistisches Jahrbuch 2004, S. 45)

3.4.1 Altersstruktur im Wandel

Verjüngung und Lösung vom Beruf

Zwar können wir einerseits von einer Verjüngung des Alters sprechen, das Aussehen und Verhalten der Älteren hat sich verändert, körperliche Belastungen durch schwere Arbeit haben abgenommen, die sportlichen Aktivitäten haben zugenommen, Gesundheitsvorsorge und kosmetische Anwendungen sind verbessert; die Älteren fühlen sich jünger. Andererseits werden schon 45-Jährige zu den „älteren Arbeitnehmern" gezählt. Bei Arbeitslosigkeit haben sie kaum Chancen, wieder eingestellt zu werden. Die gesellschaftliche Bewertung als „alt" setzt also früher ein als zuvor. Damit geht auch eine „Entberuflichung" des Alters einher. Von den 60- bis 65-jährigen Männern waren 2003 noch 36,6 Prozent erwerbstätig, bei den Frauen waren es 18,1 Prozent. Der Anteil der 60- bis 65-Jährigen an allen Erwerbstätigen liegt bei 4,5 Prozent (vgl. Statistisches Bundesamt, Statistisches Jahrbuch 2004, S. 71). Gesetzliche und tarifliche Regelungen, die bisher ein frühes Ausscheiden aus dem Erwerbsleben unterstützen, werden derzeit abgebaut. In der Diskussion sind Verlängerung der wöchentlichen Arbeitszeit und der Lebensarbeitszeit. Dennoch bleibt bei steigender Lebenserwartung eine lange Phase, die außerhalb des Berufs gestaltet werden muss. Gesunde, aktive und kompetente Ältere engagieren sich in dieser Zeit oft in Ehrenämtern, um ihre Erfahrungen einzubringen und neue Bereiche kennen zu lernen und um soziale Aufgaben abzudecken. Diese Entwicklung kann allerdings staatliche Leistungen nicht ersetzen, die öffentlich nicht mehr finanzierbar sind.

Feminisierung und Singularisierung

Betrachten wir unsere Gesellschaft in der Altersgruppe vom 60. Lebensjahr an, so müssen wir von einer Frauengesellschaft sprechen. Frauen haben eine höhere Lebenserwartung als Männer, zudem sind sie als Folge der Kriege in der Überzahl. Von den rund 20 Millionen Menschen, die älter als 60 Jahre sind, sind circa 11,5 Millionen Frauen. Noch klarer wird die Tendenz zur Frauengesellschaft, wenn wir sehen, dass von den oben erwähnten 5 Millionen Einpersonenhaushalten 4,1 Millionen von alten Frauen geführt werden. Alt gewordene Frauen leben häufig allein.

3.4.2 Daten des Alterns

Wenn wir unsere Angebote bedürfnisbezogen auf eine bestimmte Klientel ausrichten wollen, müssen wir die sozialen Daten der Gruppe kennen, aus der sich die Nachfrage ergibt oder die wir ansprechen wollen. Die Situation der heute Älteren und Alten hat sich in den letzten 30 Jahren erheblich verändert.

Die Situation

Die durchschnittliche materielle Lage der älteren Menschen ist derzeit so gut, wie sie für keine Vorgängergeneration je war und wie sie voraussichtlich für die nachfolgenden Generationen nicht sein wird. Für die meisten Rentner muss das Grundprinzip des Sparens nicht mehr vorherrschen, dies wird sich in den nächsten Jahren durch gesetzliche Neuregelungen verändern. Altersarmut erleben schon jetzt hauptsächlich alte Frauen. Dauerhaft verändert ist dagegen die immaterielle Lage. Das Bildungsniveau älterer Männer und Frauen ist gestiegen. Sie sind beruflich besser qualifiziert, schwere körperliche Arbeit ist zurückgegangen, der Gesundheitszustand hat sich verbessert. Dies alles trägt, zusammen mit den Angeboten der modernen Dienstleistungs- und Kommunikationsgesellschaft, zu Verhaltensänderungen bei. An erster Stelle steht hier die Mobilität der Älteren, abzulesen an Reiselust und Reisehäufigkeit. Kursangebote sollten darauf Rücksicht nehmen. Als Nächstes muss der interessierte Umgang mit sozialen und technischen Neuerungen genannt werden. Einige der Älteren surfen begeistert im Internet und nutzen die professionellen Dienste. Die Beteiligung an der Lebenswelt der Jüngeren wird so aufrecht erhalten.

Der Verlauf

Viele Mensche altern, wie wir oben gesehen haben, ganz „normal". Sie führen ein selbstständiges, unabhängiges, weitgehend gesundes und selbstbestimmtes Leben. Der demografische Wandel wird auch in der Gesellschaft zu einer realistischeren Einschätzung dessen führen, was die Älteren können. In 10 bis 15 Jahren werden die qualifizierten Älteren im Berufsleben wieder gebraucht. Lebensläufe waren früher auf Gleichmäßigkeit angelegt. Besonders für Frauen waren typische Abläufe die Regel. Die Zeit, verbracht mit „Kindern, Küche, Kirche" und einem Lebenspartner, führte konsequent in die Großmutterrolle. Brüche entstanden durch Kriege oder schwere Krankheiten. Die veränderte Sozialstruktur, hier besonders der Einsatz qualifizierter Frauen im Erwerbsleben, gestaltet Lebenszeiten neu. Kontinuität im Lebenslauf ist seltener geworden, Rollenwechsel finden häufiger statt. Frauen sind berufstätig, bevor sie sich mit einem Partner zusammentun und Kinder bekommen. Nach einer oft kurzen Erziehungsphase gehen sie zurück in den Beruf oder qualifizieren sich neu. Trennungen von Partnern sind nicht mehr ungewöhnlich. Ein Viertel der geschiedenen Frauen ist über 60 Jahre alt, das sind fast 600.000 Frauen. Für sie sind neue feste Bindungen eher unwahrscheinlich, während alte alleinstehende Männer häufig wieder Partnerinnen suchen und finden.

Die Lebensart

Wahl- und Entscheidungsfreiheit haben für die Einzelnen seit geraumer Zeit zugenommen, denken wir dabei an Berufswahl, Partnerwahl, an die Freiheit, über

Wohnort, Kinderzahl und Lebensweise weitgehend selbstständig entscheiden zu können. Zum Beispiel verzichten 40 Prozent der Akademikerinnen bewusst auf Kinder. Die Biografie vieler Älterer ist von einer solchen Individualisierung betroffen. Besonders Frauen nutzen heute die Möglichkeiten zur Beteiligung am gesellschaftlichen Leben auch außerhalb von Familienbeziehungen. Die Vorteile dieser Entwicklung: Lebensstile im Alter sind flexibler und vielfältiger geworden. Sie richten sich nach den Angeboten, den individuellen Bedürfnissen und den verbesserten Wahlmöglichkeiten. Die Nachteile: Es gibt keine quasi automatische Hinführung in eine vorgegebene Rolle oder Umgebung. Individualisierung führt – wenn jeder nach seiner Version leben kann – unter Umständen zu Bindungslosigkeit. Das feste Eingebettetsein in vorgegebene soziale Bezüge entfällt ebenso, wie die früher fest gefügten Verantwortungsbereiche zunehmend verschwinden.

Zusammenfassung

Die paradoxe, immer frühere Freisetzung der Älteren aus beruflichen Bezügen scheint gestoppt. Der materielle und immaterielle Standard hat sich für die heute ältere Generation auf einem dem der jüngeren vergleichbaren Niveau gefestigt, was Entscheidungsspielräume, Selbstständigkeit und Selbstbestimmung erleichtert. Altersarmut existiert immer noch, besonders bei allein lebenden alten Frauen. Das Ausscheiden aus dem Erwerbsleben verlangt bei den relativ gesunden und sich jung fühlenden Alten sehr früh nach neuen Orientierungen und nach neuen Aufgaben, bei denen ihre Erfahrungen und Kompetenzen gefragt sind. Leistungsfähigkeit und Leistungsbereitschaft sind bei den meisten gesunden Älteren vorhanden. Sie stellen einen wichtigen Faktor im gesellschaftlichen Leben dar, indem sie sich in allen öffentlichen Bereichen beteiligen, sei es in der Politik, in Vereinen oder als Berater in der Wirtschaft. Ältere Frauen werden häufiger mit Familienaufgaben betraut oder in sozialen Bereichen gefragt. Sie sind jedoch diejenigen, die sich an Bildungsangeboten viel stärker beteiligen.

Die Veränderung der Bevölkerungsstruktur und der höhere Anteil an älteren Frauen bedeuten, in Kursen sowohl verstärkt an die Lebenssituation der Älteren und insbesondere der Frauen anzuknüpfen als auch ihr anderes Lernverhalten zu berücksichtigen.

Literatur

Baltes, P. B. (1990): Weisheit als Expertenwissen. In: Scheidgen, H./Strittmatter, P./Tack, W. H. (Hrsg.): Information ist noch kein Wissen. Weinheim/Basel, S. 169–198

Elger Ch./Friederici, A., Koch, Ch. u. a. (2004): Das Manifest. In: Gehirn & Geist, Heft 6, S. 31–36

Goschke, T. (1996): Lernen und Gedächtnis: Mentale Prozesse und Gehirnstrukturen. In: Roth/Prinz a.a.O., S. 359–410

Hagen, G.: Wenn Säuglinge in Kategorien denken. In: Frankfurter Allgemeine Zeitung vom 18.08.1999, S. N I-II

Hausmann, M. (2003): Eine Frage der Symmetrie. In: Gehirn & Geist, H. 6, S. 56–61.

Kelly, D., Jessell, Th. (1996): Geschlecht und Gehirn. In: Kandel, E./Schwartz, J./Jessell, T. (Hrsg.): Neurowissenschaften. Eine Einführung. Heidelberg

Kimura, D. (1994): Weibliches und männliches Gehirn. In: Spektrum der Wissenschaft. Verständliche Forschung Gehirn und Bewusstsein. Heidelberg, S. 78–87

Kruse, A./Lehr, U. (1996): Reife Leistung. Psychologische Aspekte des Alterns. In: Funkkolleg Altern. Tübingen, S. 5/1–52

Lem, S. (1988): Friede auf Erden. Frankfurt a. M.

Menzel, R./Roth, G. (1996): Verhaltensbiologische und neuronale Grundlagen des Lernens und Gedächtnisses. In: Roth/Prinz a.a.O., S. 239–277

Oswald, W. D./Rödel, G. (1995): Das SIMA-Projekt. Gedächtnistraining – Ein Programm für Seniorengruppen. Göttingen

Roth., G. (2003): Fühlen, Denken, Handeln. Frankfurt a. M.

Roth, G./Prinz, W. (Hrsg.) (1996): Kopf-Arbeit. Heidelberg

Selkoe, D. J. (1992): Alterndes Gehirn – alternder Geist. In: Spektrum der Wissenschaft. Verständliche Forschung: Gehirn und Bewusstsein. Heidelberg, S. 12–20

Singer, W. (2002): Der Beobachter im Gehirn. Frankfurt a. M.

Statistisches Bundesamt Deutschland (2004): Statistisches Jahrbuch 2004 für die Bundesrepublik Deutschland. Wiesbaden

Statistisches Bundesamt Deutschland (2000): Europäische Sozialstatistik – Bevölkerung 2000. Wiesbaden

Thompson, R. F. (1990): Das Gehirn. Heidelberg

4. Konzeption eines Gehirn- und Lerntrainings

Bevor im Kapitel 5 die praktische Umsetzung des theoretischen Teils in Form von Erläuterungen mit entsprechenden Übungen im Vordergrund steht, wird hier die Konzeption eines Kurses zum Thema Gehirn- und Lerntraining vorgestellt (vgl. auch die Zusammenfassung am Ende dieses Kapitels).

Raum und Zeit

Ein ruhiger Raum, ausreichend hell beleuchtet, gut zu lüften und mit mindestens einer Tafel oder einem Flipchart, eventuell mit einem Overhead-Projektor ausgestattet, ist Voraussetzung für eine gute Kursarbeit. Da für viele Übungen Papier und Stift notwendig sind, werden Tische benötigt.

Während die Nichtberufstätigen den Vormittag bevorzugen – er ist ideal, da er im Leistungshoch liegt –, nimmt die Nachfrage nach Abendkursen für Berufstätige ab, und Wochenendveranstaltungen werden immer beliebter. Der Vorteil besteht darin, dass sich die Teilnehmenden intensiv ohne Zeitdruck in die Themen vertiefen können.

Pausen

Pausen und/oder kleine Bewegungsübungen sorgen für Entspannung (vgl. Kap. 5.1.3). Bei einem anderthalbstündigen Kurs kann es angebracht sein, nach einer Dreiviertelstunde eine kurze Pause einzulegen, bei intensivem Lernen sogar noch früher. Dauert die Kursstunde eine Zeitstunde und sind die Teilnehmenden älter, würde eine Pause eine zu große Unterbrechung bedeuten. In diesem Fall ist es ratsamer, eine kleine Entspannungsübung anzuregen oder durch ein gemeinsames Gespräch für eine Pausenstimmung zu sorgen.

Teilnehmerkreis

Nicht nur in den Kursen mit Älteren, sondern auch in den Wochenendkursen liegen die Altersunterschiede oft bei mehr als 30 Jahren. Im Allgemeinen sind die individuellen Unterschiede größer als die Altersunterschiede, wenn man von der abnehmenden Informationsverarbeitungsgeschwindigkeit und Aufnahmekapazität im Alter absieht. Die Älteren haben oft den Vorsprung des umfangreicheren Wissens und können altersbedingte Gedächtnisschwächen meistens gut ausgleichen (vgl. Kap. 3.2.1–3.2.3). Sich die Veränderungen des Gedächtnisses im Laufe des Lebens klarzumachen, ist ein wesentliches Ziel unserer Kurse. Werden die Faktoren

- gute Rahmenbedingungen (Licht usw.),
- Arbeit ohne Zeitdruck,

- gut strukturierte Aufgaben,
- sorgfältige Erklärung neuartiger Übungen,
- Bevorzugung von Übungen, die eher auf Wissen bzw. Erfahrungen beruhen,
- unterstützte Erinnerung

berücksichtigt, die das Gehirntraining positiv beeinflussen, so profitieren die Älteren in gleicher Weise wie die Jüngeren von einem solchen Kurs.

Schwierig kann der Umgang mit Teilnehmenden sein, die bereits Defizite in ihrer Hirnleistung zeigen. Es kann vorkommen, dass sie aus Gründen des Trainings vom Arzt geschickt werden. Können die Teilnehmenden den Übungen gar nicht mehr folgen, so bleiben sie meist von allein weg. In diesen Fällen könnte ein Einzeltraining nützlich sein, so wie es in Reha-Kliniken angeboten wird.

Aufbau und Inhalt

Der Inhalt des Kurses sollte gut strukturiert vorgestellt werden. Wir werden am Ende dieses Kapitels näher darauf eingehen. Der Verlauf des Kurses wird durch die Bedürfnisse und die Kenntnisse der Teilnehmenden mitbestimmt. Deshalb ist es notwendig, gleich in der Vorstellungsrunde nach ihren Wünschen zu fragen. In Kursen, die über mehrere Wochen laufen, ist es empfehlenswert, bei „Halbzeit" eine Auswertung anzuregen, um die Teilnehmenden immer wieder mit einzubeziehen. Zu Beginn eines Kurses steht im Vordergrund, den Gruppenzusammenhalt zu fördern und mögliche Ängste, nicht mithalten zu können bzw. Gedächtnisschwächen zu zeigen, anzusprechen und zu zerstreuen. Ziel ist es, nicht Höchstleistungen zu erreichen, sondern die eigenen Ressourcen zu erkennen und besser zu nutzen. Deshalb sollte in jeder Kursstunde genug Zeit zum Austausch mit den Teilnehmenden gegeben werden. Auf die Ziele eines Gehirn- und Lerntrainings, die für uns im Vordergrund stehen, gehen wir in Kapitel 7 näher ein.

Übungen

Die Übungen haben unterschiedliche Funktionen: Sie dienen dem Ausprobieren von Lernstrategien, als „Aufhänger" für theoretische Erklärungen und dem gezielten Training bestimmter Gehirnleistungen. Jeder Leistungsvergleich sollte vermieden werden, es sei denn, die Teilnehmenden wünschen es selbst. Jede neue Übung kann Teilnehmende irritieren bzw. entmutigen. Deshalb ist eine sorgfältige Erläuterung und Begründung der Übungen notwendig. Auch müssen wir davon ausgehen, dass es neben den lernerfahrenen auch eher lernungeübte Teilnehmende gibt. An viele Übungen müssen die Teilnehmenden erst gewöhnt werden. So empfiehlt es sich, in nachfolgenden Kursstunden die gleiche Übung abgewandelt anzubieten.

Übungen müssen nicht besonders schwierig sein, um das Gehirn zu trainieren. Wichtig ist, dass verschiedene Bereiche angesprochen werden. Die Art der Übungen und auch der Schwierigkeitsgrad, der individuell sehr unterschiedlich ist, sind abzuwechseln. Folgt einer Übung zum Abruf aus dem Langzeitgedächtnis z. B. eine Phantasieübung, so werden verschiedene Gehirnleistungen angesprochen und wir entsprechen damit auch verschiedenen Stärken der Teilnehmenden. Der Schwierigkeitsgrad fast jeder Übung kann durch Ändern oder Kürzen herauf- oder herabgesetzt werden. Sind in der Gruppe große Leistungsunterschiede vorhanden, so könnte z. B. eine leistungsstarke Teilnehmerin in der Gruppenarbeit anderen helfen oder wir ermuntern sie, selbst eine Übung zu konzipieren und den anderen vorzustellen. Sind die Teilnehmenden im Durchschnitt jünger, kann es hilfreich sein, bei bestimmten Übungen, z. B. zum schlussfolgernden Denken, schwierigere Übungen bereitzuhalten, um den „Schnelldenkern" Stoff nachzureichen.

Was die im Kapitel 5.4.3 beschriebenen Tempo-Übungen betrifft, so ist in der Gruppe darüber abzustimmen. Konkurrenz zwischen Älteren und Jüngeren sollte vermieden werden, wenn die Älteren nicht mehr entsprechend mithalten können. Beliebt sind Übungen, die Wissen oder Erfahrungen der Teilnehmenden einbeziehen bzw. aktuelle Themen aufgreifen, wie z. B. die jährliche Buchmesse in Frankfurt (M) oder die Erweiterung der Europäischen Union im Jahre 2004. Es ist sicher selbstverständlich – so wie es dieser Band auch voraussetzt – dass Kursleitende die Übungen vor der Anwendung in ihren Kursen selbst ausprobieren. Trotzdem kann es passieren, dass eine als leicht eingestufte Übung von den Teilnehmenden als schwierig angesehen wird. Hier hilft nur, über diese Fehleinschätzung zu reden.

Einzel- oder Gruppenarbeit

Viele Teilnehmende bevorzugen die Einzelarbeit, um selbst herauszufinden, wie ihr Gedächtnis arbeitet. Für die in Kapitel 5.4 vorgestellten Übungen zum schlussfolgernden und räumlichen Denken sowie die Kreativitätsübungen empfehlen wir die Gruppenarbeit, da die Übungen oft ungewohnt sind bzw. in der Gruppe mehr Ideen gesammelt werden können. Ideal ist eine Kombination von Einzel- und Gruppenarbeit.

Spaß muss sein!

Das Spielerische und der Spaß dürfen, wie in jedem Kurs, nicht zu kurz kommen. Jedoch bedeutet ein Gehirntrainingskurs auch immer eine Anstrengung. Teilnehmende, die sich dieser Anstrengung nicht aussetzen wollen, müssen motiviert werden, Übungen auszuprobieren. Jeder Leistungszwang ist zu vermeiden, aber zu einer reinen Plauderstunde darf der Kurs nicht werden. Immer wieder müssen wir uns gegen Vergleiche mit Situationen in der Schule wehren. Es hilft, die Teilnehmenden auf diese Erfahrungen anzusprechen und sie zu einer neuen Umgangsweise mit dem Gedächtnis zu ermutigen.

Anfang und Schluss

In jeder Gymnastikstunde gibt es zu Beginn eine Runde zum Aufwärmen. Dies gilt auch für das Gehirn. So steht am Anfang einer Kursstunde eine leichte Aufwärmübung (z. B. Wörter nennen, die mit Mar oder Pro beginnen, Kopfbedeckungen aller Art aufzählen, auf -e endende weibliche Vornamen nennen, Wortketten bilden, freie Assoziationsübungen, wie in Kap. 5.4.4 beschrieben). Dies kann reihum in der Gruppe geschehen, vorausgesetzt, es wird thematisiert, dass jede Teilnehmerin und jeder Teilnehmer an die Nachbarin oder den Nachbarn weitergeben kann, wenn sie oder er im Kurs noch nicht „angekommen" ist. Auch zum Kursende ist eine leichte Schlussübung zu empfehlen, die allen Teilnehmenden ein Gefühl der Zufriedenheit gibt.

„Und die Hausaufgabe"?

In den Gehirntrainingskursen mit älteren Teilnehmenden hat es sich eingebürgert, ein Aufgabenblatt mitzugeben, das freiwillig bearbeitet werden kann. So lässt sich der Trainingseffekt verstärken, nur darf nicht die Schulsituation wieder auferstehen.

Zusammenfassung

Themenschwerpunkte eines Kurses zum Gehirn- und Lerntraining

1. Die Arbeitsweise des Gehirns – theoretische Grundlagen
2. Die Bedeutung von Motivation und Interesse für das Gedächtnis
3. Schulung von Konzentration und Wahrnehmung
   - bewusster Einsatz verschiedener Sinneskanäle,
   - Berücksichtigung von Leistungshochs,
   - für Entspannung sorgen, Pausen einhalten
4. Effektive Informationsverarbeitung durch
   - bildhaftes Verknüpfen,
   - Strukturieren und Organisieren,
   - Bilden von Analogien,
   - Anwenden von Mnemotechniken,
   - aktive Wiederholung
5. Stärkung von Phantasie und Flexibilität
6. Training des Kurzzeitgedächtnisses
7. Training des Abrufs aus dem Langzeitgedächtnis

8. Schlussfolgerndes Denken und räumliche Vorstellung
9. Das Gedächtnis im Alltag: interne und externe Gedächtnishilfen
10. Spezieller Lernstoff (Inhalte entsprechend den Wünschen der Teilnehmenden)
    - Zahlen – Namen – Vokabeln,
    - Umgang mit Texten

Struktur einer Kurseinheit

In einer Kurseinheit von 60 bzw. 90 Minuten hat sich folgende Struktur bewährt:

1. Aufwärmübung
2. Übung zur Wahrnehmung und/oder Konzentration
3. Training des Kurzzeitgedächtnisses
4. Training des Abrufs aus dem Langzeitgedächtnis
5. Themenschwerpunkt
6. Schlussübung

Erläuterungen zu den einzelnen Strukturelementen

zu 1 und 6: Einfache Wortfindungsübungen, wie in diesem Kapitel unter „Anfang und Schluss" beschrieben, stehen am Beginn und am Ende einer Kursstunde.

zu 2: Wahrnehmung, Konzentration, Motivation sind wichtige Vorbedingungen für ein gut arbeitendes Gedächtnis. Im Kapitel 5.1 gehen wir näher darauf ein und stellen Übungsbeispiele vor.

zu 3: Zum Training des Kurzzeitgedächtnisses nennen wir eine Anzahl von Begriffen, zeigen ein Bild, lesen eine kurze Meldung aus der Zeitung vor oder teilen den Text einer Kurzgeschichte aus. Nach dem Einprägen lenken wir die Teilnehmenden kurz ab – dazu eignen sich die leichten Wortfindungsübungen oder einfache Rechenaufgaben – und bitten sie dann, sich zu erinnern, oder wir stellen Fragen zum Text. Diese Übungen sollten Anlass sein, über die Vorgehensweise und die verschiedenen Behaltenstechniken zu sprechen (vgl. Kap. 5.2).

zu 4: verschiedene Übungen trainieren das gezielte Abrufen aus dem Langzeitgedächtnis. Kapitel 5.3 widmet sich diesem Thema und stellt Beispiele vor.

zu 5: Die Themenschwerpunkte ergeben sich aus den Kapiteln 5 und 6. Sie überlappen sich teilweise mit den Übungen zum Kurzzeit- und Langzeitgedächtnis.

5. Effektiver lernen – besser behalten – leichter abrufen

In Kapitel 2 und Kapitel 3.2 wurden die theoretischen Grundlagen für die Lernstrategien und entsprechenden Übungen vermittelt, die im Folgenden dargestellt werden sollen. Die theoretischen Grundlagen bieten Erklärungen an für Wissen über Gedächtnis und Lernen, das wir bereits aus eigener Erfahrung oder im Umgang mit Teilnehmenden erworben haben: Zum Lernen brauchen wir Interesse, Aufmerksamkeit und Konzentration. Viele Informationen müssen wir so lange ausarbeiten, mit Beispielen versehen, mit ähnlichen Vorgängen vergleichen, bis wir sie verstanden haben. Auch wissen wir, dass reine Wiederholung zur Festigung von Informationen nicht hilfreich ist. Intuitiv haben wir Neues mit bereits Bekanntem verknüpft und Eselsbrücken gebaut. Eine Teilnehmerin verblüffte uns mit einem eigenen bildhaften Zahlensystem, mit Hilfe dessen sie sich Telefonnummern merkte. Indes ist es nach unserem Ausflug in die Theorie möglicherweise verständlicher – und auch beruhigender –, dass es Monate dauern kann, bis eine Information im Langzeitgedächtnis gespeichert ist. Es ist ganz natürlich, wenn bei einem Vortrag oder in einem Kurs viel Neues verloren geht, weil das Kurzzeitgedächtnis begrenzt ist und wir uns mit den Informationen nicht intensiv genug beschäftigen konnten.

Die nachfolgenden Erläuterungen und das Übungsmaterial bilden die Basis für ein Gehirn- und Lerntraining, dessen Konzeption im vorangegangenen Kapitel vorgestellt wurde. Entsprechende Hinweise zur Kursgestaltung befinden sich am Ende jedes Übungsschwerpunkts im Anschluss an die Zusammenfassung. Die Lösungen werden im Anhang genannt bzw. erläutert.

5.1 Bedingungen des Einprägens

5.1.1 Auf allen Kanälen – die Sinne schärfen

Obwohl wir über fünf Sinne verfügen (Sehen, Hören, Riechen, Schmecken, Tasten) – einige rechnen auch den Gleichgewichtssinn als sechsten Sinn hinzu – nehmen wir die meisten Informationen über die Augen auf. Das Sehsystem ist der am besten erforschte Bereich. Das Hören ist fast so notwendig wie das Sehen, denn es ist der Schlüssel zu unserem wichtigsten Kommunikationsmittel, der Sprache. Der Geruchssinn gilt als besonders intensiver Erinnerungsreiz. Er ist der stammesgeschichtlich älteste Sinn des Menschen. Die Riechzellen leiten die Duftmoleküle ohne Zwischenstation direkt ins Riechzentrum. Es steht im unmittelbaren Kontakt mit dem limbischen System. Unser Geschmackssinn hängt eng mit den anderen Sinnen zusammen: Unsere Geschmacksempfindung ändert sich, je nachdem, wie etwas riecht, sich anfühlt usw. Die Rezeptoren des Tast-, Temperatur- und Schmerzsinns befinden sich über den ganzen Körper verstreut in der Haut. Viele Gegenstände erschließen sich erst, wenn wir sie befühlt haben. Die Aufnahme einer Information über mehrere Sinneskanäle erleichtert den späteren Abruf. Gerade das episodische Gedächtnis lässt sich leicht über Sinnesempfindungen aufrufen. Ein „klassisches" Beispiel weist darauf hin: Der Geruch, den Marcel Proust beim Eintauchen eines bestimmten Gebäcks, der so genannte Madeleines, in Lindenblütentee aufnahm, holte Ereignisse aus Kindheit und Jugend aus der Erinnerung hervor und gab den Anstoß zu seinem Roman „Auf der Suche nach der verlorenen Zeit". Sinnliche Wahrnehmung ist der erste Schritt zur Gehirntätigkeit und damit zum Gedächtnis.

Versuchen Sie auf Ihrem Weg zum Einkaufen alle Ihre Sinne einzuschalten und auf Ihre Umwelt zu richten: Hören Sie die Geräusche der Autos, das Rascheln der Blätter, nehmen Sie die Gerüche in der Luft wahr, spüren Sie den Boden unter Ihren Füßen, den Wind in Ihrem Gesicht, schauen Sie auf Einzelheiten entlang Ihres Weges. So trainieren Sie Ihre Sinneswahrnehmung und helfen Ihrem Gedächtnis.

Im Alter lassen die Sinnesorgane nach. Zwar können Brille und Hörgerät die nachlassende Seh- und Hörkraft teilweise ausgleichen, die Menge der Reize, die aufgenommen werden kann, nimmt jedoch ab. In Situationen, in denen wir besonders vielen Reizen ausgesetzt sind, z. B. in einem Restaurant, sind die Älteren schneller abgelenkt als die Jüngeren. Auch die akustischen Eindrücke werden nicht so schnell verarbeitet wie in jüngeren Jahren. Oft gelingt es erst nach mehrmaliger Wiederholung, die akustischen Reize zu speichern. So gilt auch für die Älteren, möglichst viele Sinneskanäle einzusetzen (vgl. Oswald/Rödel 1995, S. 181).

5.1.2 Aufmerksamkeit und Wahrnehmung schulen

Informationen, die wir behalten wollen, müssen im Mittelpunkt unseres Interesses und unserer Aufmerksamkeit stehen. Es wird vermutet, dass etwa die Hälfte aller Gedächtnisprobleme auf einer mangelhaften Aufmerksamkeit beruht. Besonders wenn wir älter werden, fällt es uns schwer, unsere Aufmerksamkeit verschiedenen Informationen zugleich zuzuwenden. Lernmaterial sollte dann so aufbereitet sein, dass die Aufmerksamkeit nicht geteilt werden muss, sondern auf einen inhaltlichen Aspekt konzentriert werden kann.

Wahrnehmung ist, wie wir in Kapitel 2.2 beschrieben haben, ein aktiver Prozess. Es ist eine geistige Tätigkeit, die wir verbessern können. Das Auge nimmt keinen Gesamteindruck auf, sondern schickt Einzelbilder zur Analyse ins Gehirn.

Abbildung 7: Die Familie Farina (Heinrich Franz Gaudenz von Rustige, 1937)

(Quelle: Postkarte Westfälisches Landesmuseum Münster)

Übung 1: Wahrnehmung

Anhand des Bildes in Abbildung 7 können Sie Ihre Beobachtungsgabe testen.

1. Schritt:
Erfassen Sie den Inhalt des Bildes, indem Sie die wichtigsten Linien umfahren. Achten Sie darauf, was im Vordergrund steht und was den Hintergrund bildet.

2. Schritt:
Wählen Sie besondere Elemente aus, die Ihnen auffallen, und benennen Sie sie. Achten Sie auf Form, Farbe, Größe, Schattenwurf. Durch dieses subjektive Verfahren zerlegen Sie das Bild in Einzelheiten.

3. Schritt:
Stellen Sie sich Fragen: Gefällt Ihnen das Bild oder lässt es Sie gleichgültig? Erinnert Sie das Bild an eine bestimmte Situation, an eine ähnliche Erfahrung? Je mehr Fragen Sie stellen und je mehr Sie emotional angeregt werden, umso sicherer können Sie sein, sich an dieses Bild später zu erinnern.

4. Schritt:
Schließen Sie die Augen und versuchen Sie, das Bild vor Ihrem geistigen Auge entstehen zu lassen. Vergleichen Sie nun dieses innere Bild mit dem realen und vervollständigen Sie es. Diesen letzten Schritt können Sie so lange wiederholen, bis Sie das Bild vollständig aufgenommen haben.

Die schrittweise Erfassung gilt nicht nur für Bilder, sondern auch für Situationen und Gespräche. Wir speichern bei der Aufnahme einer Information auch die Situation, die Episode mit ein. Oft hilft beim Erinnern, sich wieder in diese Situation, die Umgebung zu begeben, um die damals an diesem Ort erhaltene Information wieder aufzurufen. Dieses Vorstellen eines inneren Bildes wird „Visualisieren" genannt und spielt eine große Rolle beim Behalten und Erinnern von Informationen. Sehen allein scheint nicht zu genügen, es muss ein aktiver Prozess der Aufnahme eingeleitet werden. Wir werden im Kapitel 5.2 näher darauf eingehen.

5.1.3 Die Konzentration verbessern

Die Begriffe Aufmerksamkeit und Konzentration werden oft gleichbedeutend verwendet. Die Definition im dtv-Lexikon (1997, Band 10, S. 91) lautet: „Ausrichtung der Aufmerksamkeit auf einen Bezugspunkt (z. B. Denk- oder Wahrnehmungsinhalt, Tätigkeit)". Sich konzentrieren bedeutet, möglichst alle Gedanken zielgerichtet einer bestimmten Sache zuzuwenden und alles Ablenkende weitgehend auszuschalten. Auch die Fähigkeit, sich zu konzentrieren, kann durch Übung verbessert werden. Die Konzentrationsexperten raten zur Schulung der Sinne: bewusster wahrnehmen, bewusster empfinden, bewusster leben. Wenn wir jeder Tätigkeit, auch einer ganz alltäglichen, unsere volle Aufmerksamkeit schenken, üben wir, uns ganz auf den Augenblick zu konzentrieren. Oft ist unsere Aufmerksamkeit jedoch mit Erinnerungen oder Planungen beschäftigt. Mit etwas Übung können wir feststellen, woran wir gerade denken und gegebenenfalls unsere Aufmerksamkeit auf den Lernstoff zurückführen. Um diese Bewusstheit, jedem Augenblick unsere Aufmerksamkeit zu schenken, geht es auch in der folgenden Geschichte:

> *Ein erfolgreicher Unternehmer, der sehr ruhig und gelassen wirkte, wurde einmal gefragt, worauf er seinen Erfolg und seine Gelassenheit zurückführe. Er antwortete: „Wenn ich gehe, dann gehe ich, wenn ich sitze, dann sitze ich, wenn ich esse, dann esse ich und wenn ich nachdenke, dann denke ich nach". Darauf fiel ihm der Fragesteller ins Wort und sagte: „Dies machen wir doch auch. Ich wollte wissen, was Sie anders machen als wir." Der Unternehmer antwortete: „Nein, das machen Sie nicht. Wenn Sie gehen, dann sitzen Sie schon, wenn Sie sitzen, dann essen Sie schon und wenn Sie essen, dann denken Sie nach."*

Dieses völlige Dabei-Sein ist immer dann möglich, wenn wir entspannt sind. Bewusste Entspannung schafft die Grundlage für konzentrierte Arbeit.

Entspannung ist nötig

Entspannung ist oft erst möglich, wenn wir die Spannungen einmal wahrzunehmen lernen. Dann erst können wir die Spannung loslassen. Auf dieser Ebene arbeiten Entspannungsverfahren wie Autogenes Training und die Progressive Muskelentspannung nach Jacobson. Auch kleine Entspannungsübungen von zwei bis drei Minuten Dauer können helfen, wieder die Aufmerksamkeit zu bündeln. Bereits der bewusst erlebte Atem kann zur Entspannung führen. Drei Entspannungsübungen stellen wir hier vor.

Hochs und Tiefs

Unsere Leistungsfähigkeit hängt auch mit den natürlichen Rhythmen unseres Körpers zusammen. Innerhalb von 24 Stunden erleben wir zwei Ruhephasen, in der Nacht und am frühen Nachmittag. Ein Leistungshoch beginnt im Laufe des Vormittags, früher oder später, je nachdem, ob wir zu den „Lerchen" oder zu den „Eulen" gehören. Ein zweites Hoch setzt am späteren Nachmittag ein. Unter zwei Leistungstiefs leiden alle Menschen, einem Tief nach dem Mittagessen und einem in der Nacht zwischen 2 und 4 Uhr. Untersuchungen zeigen, dass selbst Menschen, die an jahrelange Schichtarbeit gewöhnt sind, nachts mehr Fehler machen als tagsüber. Trotzdem sagen uns viele Teilnehmende, dass sie während der Nacht besonders gut arbeiten können. Ursache dafür ist, dass nachts der Lärm aufhört und Störungen (Telefon, Chef) ausbleiben. Am leistungsfähigsten sind wir am Vormittag. Wenn es geht, sollten wir anspruchsvolle geistige Arbeit für diese Zeit einplanen.

Natürlich liegen auch Kurszeiten oft nicht in den Zeiten der Leistungshochs der Teilnehmenden. Die Wochenendseminare stellen uns vor das Problem, nach der Mittagspause dem gefürchteten Tief entgegenzuwirken. Es ist günstig, Mitmachaktivitäten und Bewegung anzubieten sowie Pausen in kürzeren Abständen einzuplanen.

Mentale Vorbereitung

Um sich auf eine Sache emotional einzustellen, ist es hilfreich, sich mental vorzubereiten, d. h. intensiv ein Vorhaben geistig durchzuspielen, bevor es tatsächlich durchgeführt wird. Schon die alleinige Vorstellung, das Visualisieren, führt zu Nervenimpulsen im Körper. Dies hilft Stress abzubauen und fördert die Konzentration. Im Leistungssport gilt es als leistungssteigernd, da korrekte Bewegungsabläufe eingeübt werden können. Die konzentrierte Vorstellung einer körperlichen Bewegung führt zu muskulären Impulsen. Da diese mentale Vorbereitung einen entspannten Zustand voraussetzt, werden zusätzlich Entspannungsverfahren angewandt (vgl. Huber 1993).

Übungen zur Entspannung

Übung 2: Atemübung

Im Sitzen beginnen wir zuerst bewusst zum Bauch hin einzuatmen, dann achten wir darauf, wie der gesamte Brustkorb sich weitet bis hinauf zu den Lungenspitzen. Anschließend wird ausgeatmet, wobei zuerst der Bauchraum enger wird und dann der Brustkorb. Während dieser Übung können wir uns vorstellen, wie der Atem als Sauerstoffwolke unseren Körper durchläuft. Durch die Nase gelangt die kühle Frische hinunter bis zum Becken und zieht von dort nach oben bis zum Kopf. Aufsteigend streckt er die Wirbelsäule. Während der langsamen Ausatmung können wir uns vorstellen, wie der Organismus von Verspannungen und Sorgen entlastet wird. Die Kunst der Atmung liegt dabei nicht im Einatmen, sondern im Ausatmen. Es wird durch die Nase eingeatmet und langsam durch den leicht geöffneten Mund ausgeatmet (vgl. Höfler 1991, S. 52).

Übung 3: Palmieren

Das Palmieren (englisch palm – Handfläche) ist von einem englischen Arzt Anfang der 20er Jahre entwickelt worden. Es ist auch eine Entspannungsübung für die Augen: Setzen Sie sich an einen Tisch und stützen Sie die Ellbogen auf. Wenn Sie eine Brille tragen, nehmen Sie sie ab. Reiben Sie Ihre Handflächen so aneinander, dass ein Wärmegefühl entsteht. Legen Sie die Handflächen über die Augen, die Außenkanten der kleinen Finger berühren dabei die Nasenflügel. Halten Sie die Augen geschlossen, spüren Sie die Wärme Ihrer Finger und genießen Sie die Erholung für Ihre Augen. Das Schwarze soll Ihnen gut tun, schieben Sie aufkommende Gedanken weg und konzentrieren Sie sich auf Ihre Atmung. Schon zehn lange Atemzüge genügen zur Entspannung (vgl. Scholl 1987, S. 56).

Übung 4: Die Wellen

Versetzen Sie sich bitte an einen Strand und sehen Sie der Brandung zu. Die Wellen brechen sich (Ausatmen) und bauen sich in der nächsten Phase (Einatmen) wieder auf, wenn sie über Sand und Kies zur See zurückrollen. Vergegenwärtigen Sie sich die Bewegung, das Rauschen der Wellen, den Geruch des Meeres, genießen Sie die frische Morgenbrise und achten Sie auf den Rhythmus der Wellen (vgl. Lapp 1998, S. 87).

Pausen sind nötig

Konzentration bedeutet einen ständigen Wechsel zwischen An- und Entspannung. Entspannungspausen erhöhen unsere Leistungsfähigkeit. In der Literatur werden für das Lernen verschiedene Pausentypen vorgeschlagen (vgl. Metzig/ Schuster 1998, S. 38):

nach Bedürfnis	eine Unterbrechung von ca. 1 Minute
nach 30 bis 40 Minuten	eine kleine Pause von 5 Minuten
nach 90 Minuten	eine Kaffeepause von 15 – 20 Minuten
nach 3 bis 4 Stunden	eine Erholungspause von mind. 1 Stunde

Die Pausenregelung hängt auch vom Lernstoff und der Aufnahmekapazität der Teilnehmenden ab. Wenn bei intensivem Lernen zu viele Informationen zu schnell aufeinander folgen, stören die gerade aufgenommenen Informationen die Aufnahme der folgenden. Ebenso wird das Einprägen des zuerst dargebotenen Inhalts durch die nachfolgenden Informationen gehindert. Dann ist es ratsam, bereits nach 20 Minuten eine kleine Pause einzulegen. Auch eine kurze Unterbrechung je nach Bedarf kann der Denkleistung und der Motivation wieder einen Schub geben. Eine Atemübung, ein Gang zum Fenster genügen bereits.

Besonders stark ist die gegenseitige Beeinträchtigung bei ähnlichem Lernstoff. So empfiehlt es sich z. B. beim Lernen von Vokabeln verschiedener Sprachen, eine Pause oder einen anderen Lernstoff einzuschieben. Es wird allerdings darauf hingewiesen, dass während einer Übungsphase eingeschaltete Pausen bei Jüngeren häufig zur Verbesserung, bei Älteren eher zur Verschlechterung der Lernleistung führten (vgl. Kruse/Lehr 1996, S. 5/32). Ältere Menschen brauchen nach einer Pause mehr Zeit, sich wieder auf das Thema einzustimmen und neue Informationen aufzunehmen.

Motivation und Interesse

In Kapitel 2.2.3 haben wir festgestellt: Ohne eine emotional positive Einstellung ist konzentrierte Arbeit nicht möglich. So ist es in jedem Fall wichtig, sich über die eigenen Motive klar zu werden bzw. die Teilnehmenden darauf anzusprechen. Die im Folgenden vorgestellten Übungen zur Konzentration zeichnen sich dadurch aus, dass sie kein besonderes Wissen voraussetzen. Es kommt nur auf Konzentration und Reaktionsschnelligkeit an.

Übungen zur Konzentration

Übung 5: Zahlenmuster durchstreichen (in Anlehnung an Lehrl u.a. 1984, S. 175)

Bitte streichen Sie immer dann gleiche Buchstaben an, wenn Sie dem nachstehenden Muster entsprechen. Das erste Lösungsmuster ist angezeigt.

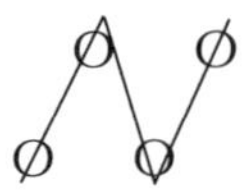

M U E U	Q H O H	Z H U S	W I U H
U K U T	H F H J	E N R E	Q B B T
H G Z R	X M N T	P Ü L G	Q Z H Z
S B C B	X M H M	F I S H	Z V Z U
B U B V	M X M X	Q U O Z	M Z K T
W E Q R	X E X Ä	T U S U	W X Y I
V E V E	X E X Ä	U Z U F	U U U U
E V E V	D K S K	L Y Ö W	U M U S
Y B Y B	G D H T	B I W R	M Q A Q
B V B N	B H T W	I F N F	Q P Q E
E I U R	T T E T	F S F S	C K O P
G H G K	T K T K	S K S R	P R O R
U E R O	K A K S	L F V F	R S R L
U L K L	S J E J	F E F E	S H O N
A W E G	J E J X	R I U T	N O S H

Übung 6: Welche Wörter kommen zweimal vor?

Gartenfest – Lageplan – Spielanleitung – Schere – Hosenträger – Lampenschirm – Spielzeug – Fernseher – Notbeleuchtung – Teekanne – Zeitschrift – Telefonhörer – Lederschuhe – Gartenzwerg – Kaffeetasse – Handtasche – Oberhemd – November – Spieluhr – Kugelschreiber – Spieldose – Salatschüssel – Karteikasten – Blumenkalender – Lageplan– Küchenwecker – Kerzenleuchter – Schere – Waschpulver – Computer – Gartenstuhl – Hochsitz – Pfeffer – Schlagersänger – Musterkarte – Dosenöffner – Gießkanne – Konferenz – Schreibmaschine – Nachtdienst – Spieluhr – Bratapfel – Spielkarte – Teddybär – Feldflur – Oberhemd – Tafelsilber – Wintermantel – Flugzeug – Großbritannien – Ackerland.

Übung 7: Die chinesische Begrüßung (eine Gruppenübung)

Folgende Bewegungen werden zu den Zahlen 1 – 5 eingeprägt:

1 – in die Hände klatschen

2 – den Oberkörper vorbeugen

3 – die Hände seitlich heben, Handflächen nach außen

4 – die Arme vor der Brust kreuzen

5 – aufstehen (für Ältere: mit den Händen leicht auf die Oberschenkel schlagen)

Dann werden die Zahlen durcheinander genannt und die entsprechenden Bewegungen ausgeführt.

Zusammenfassung
Ist die Kette Motivation – Wahrnehmung – Aufmerksamkeit – Konzentration unterbrochen, kann die Information nicht gespeichert werden. Deshalb legen wir auf diese vier Punkte großen Wert. Vieles kann uns ablenken: Schmerzen, Niedergeschlagenheit, Trauer, zu viele Gedanken an anderes, Lärm usw. Konzentration und Entspannung gehören zusammen. So kann es hilfreich sein, vor konzentrierter geistiger Arbeit eine Entspannungspause einzulegen oder eine entsprechende Übung zu machen. Bei Älteren lassen Wahrnehmung, Aufmerksamkeit und Konzentration nach. Lernen wird dann erschwert, wenn die Aufmerksamkeit auf unterschiedliche Aspekte gerichtet werden muss. Aufmerksamkeit und Konzentration lassen sich durch Übung verbessern.

K Im Kurs stellen wir dieses Thema zu Beginn in den Mittelpunkt. Eine Übung zur visuellen Wahrnehmung haben wir vorgestellt. Zum Ausprobieren der anderen Sinne empfehlen wir Übungen, die vielen bereits bekannt sind: ein Säckchen mit kleinen Gegenständen zum Fühlen, ein paar kleine Flaschen mit Flüssigkeiten zum Riechen. Zum Thema Aufmerksamkeit und Konzentration steuern viele Teilnehmende eigene Beobachtungen bei und sehen hier oft Gründe für ihr nicht zufriedenstellendes Gedächtnis. Die Entspannungsübungen werden von den Jüngeren eher akzeptiert als von den Älteren, da sie ihnen bereits aus anderen Zusammenhängen bekannt sind.

5.2 Strategien des Einprägens

5.2.1 Die Merkfähigkeit steigern – in Bildern denken

Im Kapitel 2.3 haben wir erfahren, dass zu jedem Signal aus der Umwelt, das in das Arbeitsgedächtnis gelangt, eine Verbindung zum Langzeitgedächtnis geschaffen wird. Diesen Vorgang können wir unterstützen, indem wir zu jedem neuen Begriff bewusst Assoziationen (Verknüpfungen) herstellen. Sie helfen uns, Neues mit Bekanntem zu verknüpfen und damit besser im Gedächtnis zu speichern. Diese Assoziationen (Gedanken, Empfindungen) sollten wir durch bildhafte Vorstellungen visualisieren. Bilder behalten wir besser als Begriffe. Es ist bekannt, dass Anschauungsmaterial wie Bilder, Graphiken usw. den Lernprozess unterstützen.

Das Herstellen von inneren Bildern, das Visualisieren, kann nicht mit dem Herstellen eines fotografischen Abbildes verglichen werden. Dies ist nur ganz wenigen

Menschen möglich, vielmehr geht es eher um räumliche Anordnung und typische Formen. Metzig/Schuster (1998, S. 69 f.) weisen darauf hin, dass bildhaft dargebotenes Material oder visuelle Vorstellungen besonders leicht und dauerhaft gespeichert werden können. Auch das Wissen über die verschiedenen Funktionen der beiden Hemisphären legt nahe, das Wort, in der linken Hirnhälfte angesiedelt, mit Bildern, die besonders leicht in der rechten Hirnhälfte entstehen, zu verbinden.

Gefühls- und ausdrucksstarke Bilder prägen sich besonders gut ein. Farbe, Phantasie, Rhythmus, Humor, Übertreibung, Absurdität helfen dabei. Waren Bilder nur schematisch ähnlich gezeichnet, wurden sie nicht effektiver behalten als Wörter (vgl. ebd., S. 72). Begriffe werden besser gespeichert, wenn sie in der bildhaften Vorstellung nicht isoliert voneinander gesehen werden, sondern miteinander verbunden und in Bewegung sind. Wörter in Bilder umzusetzen, kann trainiert werden; dabei helfen die Übungen 8 bis 10.

Fällt das Visualisieren schwer, so ist die Geschichtentechnik oft leichter zu handhaben wegen des Bedeutungszusammenhangs (vgl. Metzig/Schuster 1998, S. 78). Dennoch ist die Technik nicht so einfach, da die einzuprägenden Begriffe leicht mit „Füllbegriffen" verwechselt oder nicht exakt erinnert werden, z. B. der Schreiner mit Handwerker wiedergegeben wird. Teilnehmende, die sich auf diese Technik eingelassen haben, können sich auch nach einer Woche an die Begriffe leicht erinnern. Sowohl die Technik der bildhaften Verknüpfung als auch die Geschichtentechnik sind geeignet für das Lernen von Informationen in einer bestimmten Reihenfolge. Die praktische Anwendung liegt z. B. im Behalten der Punkte eines Referats, eines Prüfungsstoffes, einer Liste. Schwierig ist oft das erste Wort, das den Auslösereiz für die nachfolgenden Glieder der Kette bildet. Hier wird empfohlen, das Wort mit der Informationsquelle, z. B. mit dem Einband dieses Buches, oder der Person des Vortragenden zu verbinden (vgl. ebd., S. 74).

Listen mit abstrakten Begriffen sind schwerer über die Assoziationskette oder die Geschichtentechnik zu erlernen. Die Erinnerungsleistung bei der Geschichtentechnik lag jedoch nach einer von Metzig/Schuster zitierten Untersuchung höher als bei Versuchspersonen, die keine Technik anwandten (vgl. ebd., S. 77). Abstrakte Begriffe sollten in konkretes Material umgesetzt werden. So ist es sicher möglich, sich zu einem Begriff wie Spontaneität ein Bild vorzustellen, z. B. an eine bekannte Person, die besonders spontan ist, an einen besonders originellen spontanen Einfall o. Ä. zu denken. Unsere Vorstellungskraft bringt eine Fülle von Bildern hervor, die uns auch beim Abruf behilflich sein können. So prägen sich Radionachrichten oder der Reisebericht einer Freundin besser ein, wenn wir uns zu den einzelnen Informationen entsprechende Bilder vorstellen, sozusagen einen Film herstellen, der beim Sich-Erinnern wieder abläuft.

Übungen zur Technik der bildhaften Verknüpfung und Geschichtentechnik

Übung 8: Assoziationskette

Bitte versuchen Sie, die nachstehenden Begriffe in Bilder umzusetzen und miteinander zu verbinden: Klavier – Postkarte – Hügel – der Rhein – Salatkopf – ein Stück Tafelkreide – Katze – Sessel.

Stellen Sie sich zum ersten Begriff ein intensives Bild vor und verknüpfen Sie es mit dem nächsten Begriffsbild. Gehen Sie schrittweise von einem Wortbild zum anderen. Visualisieren Sie nur die zwei zu verknüpfenden Bilder und wiederholen Sie nicht die ganze Reihe. (Nur ein Beispiel, es müssen Ihre eigenen Bilder sein: Auf einem schwarzen Klavier steht eine Riesenpostkarte, die sich in der Politur des Klaviers spiegelt. Auf der Postkarte ist ein sonniger Hügel abgebildet. Von der Höhe des Hügels aus, den Sie gerade erklommen haben, sehen Sie den Rhein glänzend vor sich liegen. Darauf schwimmt ein großer Salatkopf ...).

Decken Sie nun die Begriffe ab und nennen Sie sie von rückwärts. Konnten Sie sich an die Begriffe erinnern? Solche Übungen gelingen oft nicht auf Anhieb und werden zunächst als lächerlich abgetan. Erst die gute Behaltensleistung kann überzeugen.

Als Nächstes versuchen Sie, eine Besorgungsliste mit ausdrucksstarken Bildern assoziativ zu verknüpfen: Schuhmacher – Post – Arzt – Supermarkt – Gärtner – Stadtverwaltung – Telefongespräch – Sportverein – Vermieter – Wäscherei.

Übung 9: Paarassoziationen

Bei dieser Übung sollen Sie zwei nicht zusammengehörige Begriffe miteinander verknüpfen. Bitte nicht auswendig lernen, sondern nur jeweils die zwei Begriffe eines jeden Paares zu einem gemeinsamen Bild verbinden, es kann ruhig etwas verrückt sein. (Ich stelle mir gerade vor, wie unser schwergewichtiger Pfarrer auf die Waage steigt.) Auf diese Weise entstehen zwölf Bilder in Ihrem Kopf.

Pfarrer – Waage	Kreis – Diamant
Geige – Sitzkissen	Sitzung – Fisch
Zweck – Verwendung	Farbfilm – Brille
Kante – Blumensamen	Hahn – Hut
Vogel – Goldstück	Fahrrad – Zentralheizung
Aschenbecher – Zeitung	Sonne – Bücherregal

Bitte decken Sie anschließend die Begriffe ab und rechnen Sie – als kleines Ablenkungsmanöver – von 100 rückwärts in neun Schritten bis eins. Anschließend erinnern Sie sich jeweils an den dazugehörigen Begriff:

Diamant –	Aschenbecher –
Verwendung –	Hut –
Fahrrad –	Waage –
Brille –	Blumensamen –
Sitzkissen –	Fisch –
Bücherregal –	Vogel –

Übung 10: Geschichtentechnik

Nun sollen Sie nicht nur zwei Begriffe miteinander verbinden, sondern mehrere Informationen in einen Zusammenhang stellen. Betten Sie folgende Begriffe in eine kleine Geschichte ein (halten Sie sich dabei an die Reihenfolge):

Kirche – Frieden – Bank – Blumen – Telefonhäuschen – Zoo – Kugelschreiber – Krimi – Wiese – Reitstiefel.

Decken Sie dann die Begriffe ab und nennen Sie – wieder als Ablenkung gedacht – 10 Städte, die mit M beginnen (im In- und Ausland). Wie viele Begriffe fallen Ihnen nun noch ein?

Zusammenfassung
Diese grundlegenden Übungen sollen mit der Technik der assoziativen Verknüpfung vertraut machen. Sie basieren auf unserer Fähigkeit, Bilder herzustellen. Das ist oft ungewohnt und liegt vor allem denjenigen, die phantasievoller sind. Die Verknüpfung „neue Information – Bild" wird der Vorgehensweise des Arbeitsgedächtnisses gerecht, da das Bild aus dem Langzeitgedächtnis zugesteuert wird. So wird eine neue Information mit einem bereits vorhandenen Gedächtnisinhalt verknüpft, ein Grundprinzip des Gedächtnisses. Die Wirksamkeit dieser Techniken beruht auch auf einer intensiveren Beschäftigung mit den Informationen.

Im Kurs müssen die Übungen gut erklärt werden, damit die Teilnehmenden nicht auswendig lernen. Oft wird festgestellt, dass Bildvorstellungen bereits unbewusst eingesetzt werden. Bei den Älteren dauert die Schaffung eines Gedankenbildes in der Regel etwas länger (Jüngere ein bis zwei Sekunden, Ältere sechs bis sieben Sekunden). Die Bedeutung der bildhaften Verknüpfung für das Gedächtnis wird durchaus erkannt und im Alltag umgesetzt. Die Übungen sollten regelmäßig wiederholt und die Anzahl der zu behaltenden Begriffe sollte gesteigert werden. Im Allgemeinen kann im Kurs nur die Aufnahme von Informationen in das Kurzzeitgedächtnis geübt und nachgeprüft werden, obwohl die Einprägestrategien für alle Gedächtnisformen gelten. Das Einspeichern von Informationen ins Langzeitgedächtnis benötigt viel mehr Zeit, wie in Kapitel 2.3.2 beschrieben wurde.

5.2.2 Gedächtniskunst und Lernhilfe – Mnemotechniken

Bereits bei den Griechen waren Mnemotechniken (Merk- und Lernhilfen) bekannt, und auch in den Rhetorikschulen des antiken Roms wurden diese Techniken benutzt. Aus dieser Zeit stammt die Locitechnik (lateinisch locus – der Ort), die wir hier vorstellen wollen.

Locitechnik

Die zu behaltenden Informationen werden an verschiedenen Orten (loci) mit Hilfe bildlicher Verknüpfung abgelegt. Diese Orte können eine bekannte Abfolge von markanten Punkten auf Ihrem Weg zur Arbeit oder in Ihrem Garten sein, eine Reihe von Einrichtungsgegenständen in Ihrem Wohnzimmer o. Ä. Werden diese Orte wieder aufgerufen, werden die verknüpften Begriffe erinnert. Diese möglichst unveränderbare Abfolge von Orten bildet sozusagen das Gerüst für die zu behaltenden Begriffe und ist, einmal im Gedächtnis verankert, immer verfügbar. Auch hier sollten möglichst originelle, lebhafte Bilder entstehen.

Übung 11: Locitechnik

Als Beispiel soll eine Reihe von Punkten in einem Wohnzimmer dienen. Bitte verknüpfen Sie jeweils den Ort mit dem Begriff aus einer Erledigungsliste:

Loci	**zu behaltende Begriffe**
Schrank	Busverbindung
Tisch	Geschäftsführer
Wanduhr	Broschüren
Terrassentür	ein Kasten Apfelsaft
Stereoanlage	Blumenstrauß
Ofen	Buchgeschenk
Sofa	Geburtstagskarte
Stehlampe	Schuhmacher
Zeitungskorb	Farbfilm
Bücherregal	Wanderstiefel

Decken Sie jetzt die rechte Seite zu und erinnern Sie sich an die verknüpften Begriffe.

Dies war ein fiktiver Raum, natürlich sollten Sie sich ein eigenes „Gerüst" schaffen. Es wird eine gewisse Zeit dauern, bis das „Gerüst" ständig verfügbar ist, denn die Reihenfolge der Örtlichkeiten muss fest im Gedächtnis verankert sein. Die zu behaltenden Begriffe werden der Reihenfolge nach verknüpft. Es wird nicht umgestellt, wenn ein Begriff besser zu einer Örtlichkeit „passt". Sie erinnern sich: Auffällige Bilder werden besser eingeprägt als die alltäglichen! Auch kann dieses Gerüst nicht mehrmals am Tag verwendet werden, dann kämen die Begriffe mehrerer Listen durcheinander.

Der Vorteil der Locitechnik besteht darin, dass ein vergessenes Element nicht zum Vergessen der folgenden Begriffe führt, wie es bei der assoziativen Verbindung geschehen kann. Sollen mehr als zehn Begriffe behalten werden, so wird der elfte Begriff wiederum mit dem ersten Ort (in diesem Fall dem Schrank) verknüpft usw.

Zahlen-Form-System

Hier werden die zu behaltenden Begriffe nicht mit „loci" verknüpft, sondern mit Zahlenbildern. Jede Zahl wird in ein bestimmtes Bild umgesetzt. Als Beispiel dient eine Reihe von zwölf Zahlenbildern in Anlehnung an die Reihe von Lehrl/ Weickmann (1997, S. 7 f.). Dieses Zahl-Form-System basiert auf Schlüsselwörtern, die der Form der Zahlen ähneln. Auch diese Zahlenbilder müssen fest eingeprägt werden. Sie bilden wieder das Gerüst für zu behaltende Begriffe.

1	Kerze	7	Fahne
2	Schwan	8	Sanduhr
3	Heugabel	9	aufgestellte Pfeife
4	Stuhl mit vier Beinen	10	Golfschläger mit Ball
5	fünf Finger der Hand	11	zwei Leuchttürme
6	Elefantenrüssel	12	Uhr schlägt zwölf

Übung 12: Zahl-Form-System

Verknüpfen Sie die folgenden Wörter jeweils mit den Zahlenbildern: Lexikon – Computer – rotes Nähgarn – ein Paket Waschpulver – ein Spielzeugauto – eine Tageszeitung – ein Sommerhut – ein Gartenschlauch – eine Küchengardine – ein Telefon – eine Packung Hustenbonbons – eine Krawatte

Sie können sich z. B. vorstellen, wie Sie das Lexikon beim Licht der Kerze lesen und dabei Wachs auf die Seite tropft, wie der Schwan mit Ihrem Computer auf dem Rücken davon schwimmt, wie Sie das rote Nähgarn sorgfältig um die drei Zinken der Heugabel wickeln usw.

Nun decken Sie die Begriffe ab, sagen sich bitte als Ablenkung das Einmaleins der 13 vor und erinnern sich anschließend an die verknüpften Begriffe. Dazu können Sie natürlich auf die Zahlenbilder schauen.
Dieser Abruf gelingt recht gut, obwohl das Kurzzeitgedächtnis mit zwölf zu behaltenden Begriffen bereits überfordert ist.

Auch diese beiden Methoden sehen auf den ersten Blick umständlich aus, nach einem gewissen Training eignen sie sich gut zum Behalten einer Reihenfolge von Informationen, z. B. zum Einprägen einer Erledigungsliste, von Punkten einer Rede oder eines Arbeitsablaufs in aufeinanderfolgenden Schritten. Nicht jede Technik ist für jeden Teilnehmer oder für jede Teilnehmerin geeignet. Es lohnt sich, sie auszuprobieren. Sich können sich natürlich auch eigene Zahlenbilder zusammenstellen.

Zusammenfassung
Die vorgestellten Mnemotechniken sind eine sichere Form, sich eine Reihenfolge zu merken und den Abruf aus dem Gedächtnis zu verbessern. Allerdings benötigen sie ein Bezugssystem, anhand dessen die Begriffe leicht zu erinnern sind. Dies gilt für viele als hinderlich und als „doppeltes Lernen". Sie vergessen jedoch, dass, wenn dieses System einmal beherrscht ist, nur die Verknüpfungen hergestellt werden müssen. Zur Erinnerung brauchen sie dann nur ihre „loci" oder Zahlenbilder nacheinander durchzugehen.

K

Wird die Anwendung von Mnemotechniken im Kurs geübt, sind viele Teilnehmende erstaunt, wie stark ihre Erinnerungsleistung steigt, und akzeptieren sie als spielerische Übung. Im Alltag werden sie jedoch nur von wenigen genutzt.

5.2.3 Vom Baum zum Zweig – Informationen strukturieren

Das Langzeitgedächtnis wird oft mit einer Bibliothek verglichen, in der Informationen fast unbegrenzt aufbewahrt werden können. Um die Informationen jedoch wiederzufinden, muss eine klare Ordnung herrschen. Metzig/Schuster (1998, S. 133) zitieren eine Untersuchung von Boisfield, in der Versuchspersonen Listen mit Substantiven lernen sollten. Stellten diese Personen fest, dass die Wörter in bestimmte Gruppen einsortiert werden konnten, war die Behaltensleistung deutlich höher. Wenn das Lernmaterial keine Möglichkeit zur Gruppenbildung bot, versuchten die Testpersonen, die Wörter nach anderen Merkmalen wie gleicher Anfangsbuchstabe oder ähnliche Klangfarbe zu sortieren. Dies war jedoch nicht so erfolgreich wie die Gruppenbildung.

Wie schnell eine Information aus dem Langzeitgedächtnis erinnert werden kann, hängt von der Intensität und Genauigkeit des Zusammenhangs ab, in den die Information eingebettet ist. Wir müssen deshalb einer Information genügend Kontext mitgeben, damit wir uns besser erinnern können. Dazu gehört auch der Abruf von Wissen über bestimmte Kategorien oder Gruppen (vgl. Goschke 1996, S. 380). Möglicherweise ist die Fähigkeit, das Gemeinsame verschiedener Informationen herauszufinden, eine Leistung, die eine besondere Form des Gedächtnisses darstellt (vgl. Menzel/Roth 1996, S. 255). Hilfreich ist es, die Informationen hierarchisch zu gliedern, d. h. Oberbegriffe zu finden für Begriffe, die wichtige Merkmale gemeinsam haben. Dies kann „mehrstöckig" geschehen, wenn es sich um umfangreichen Lernstoff handelt.

Übungen zum Strukturieren

Übung 13: Die nachstehenden Begriffe sind in vier Gruppen zu ordnen, am besten schriftlich. Anschließend sollte versucht werden, sich die Begriffe innerhalb der Gruppen zu merken. Hierbei kommt es wieder auf die Bilder an. Stellen Sie sich z.B. Ihnen bekannte Träger der Vornamen in einem Gruppenbild vor, mischen Sie aus dem Gemüse einen verrückten Salat usw.

Andreas	Kamel	Löwe
Panther	Drucker	Rechtsanwalt
Aubergine	Radieschen	Wolfgang
Heinz	grüne Bohnen	Schreiner
Salat	Bankkaufmann	Elefant
Giraffe	Thomas	Champignons
Autoschlosser	Tiger	Paul

Nun decken Sie die Begriffe ab. Es gibt wieder eine kleine Ablenkung: Suchen Sie 12 Begriffe, die die Silbe -stein enthalten (am Anfang, am Ende oder am Schluss). Jetzt erinnern Sie sich bitte an die Gruppen und die entsprechenden Begriffe. Vielleicht machen Sie die Erfahrung, dass Sie sich an viele der genannten Begriffe gut erinnern konnten. Durch das Ordnen der Begriffe und die intensive Beschäftigung fällt das Behalten leichter.

Übung 14: Strukturieren durch die Bildung von sogenannten Begriffsbäumen (vgl. Schwank/Seidel/Tormin 1986, S. 91)
Die nachstehenden, ungeordneten Begriffe sind in das Gliederungsschema einzuordnen: blinzeln, rennen, laufen, fassen, denken, trampeln, boxen, beäugen, kritisieren, stampfen, zupacken, nicken, greifen, sehen, raten, erblicken.
Es sind Oberbegriffe zu finden und in die vorgesehenen Felder einzusetzen.

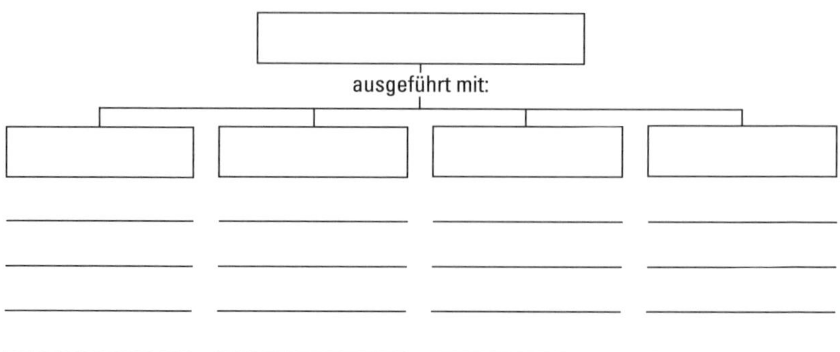

Übung 15: Noch eine Übung zur Bildung von Begriffsbäumen (vgl. Schwank/Seidel/Tormin 1986, S. 91)
Auch hier sind die Begriffe in das darunter stehende Schema einzuordnen und mit Oberbegriffen zu versehen.

Schwimmen, Fußball, Tennis, Fechten, Handball, Ringen, Laufen, Boxen, Skilaufen, Kugelstoßen, Basketball, Volleyball

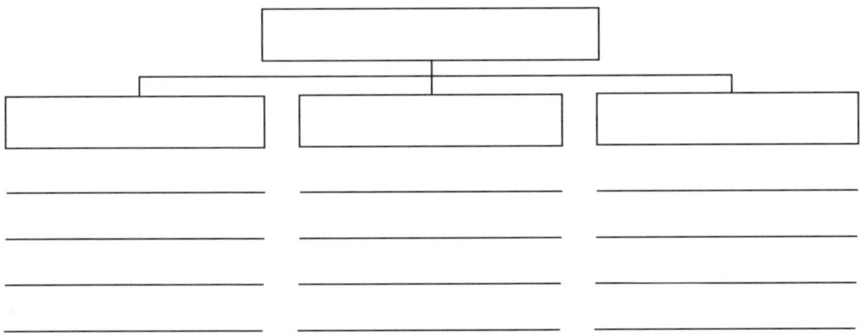

Übung 16: Finden Sie den Außenseiter heraus. Auch diese Übung gehört zu den Strukturierungsübungen, da die anderen Begriffe pro Reihe unter einen Oberbegriff eingeordnet werden können. Hier ist jeweils das Wort zu markieren, das nicht zu den anderen in der Reihe stehenden Wörtern passt. Manchmal sind mehrere Entscheidungen möglich.

1. Apfel – Tomate – Birne – Kirsche
2. Paris – London – Rom – Zürich
3. Zeitung – Buch – Notizblock – Prospekt
4. flach – breit – rund – weit
5. fliegen – fahren – laufen – reiten
6. hobeln – bügeln – bohren – schleifen
7. Sänger – Maler – Komponist – Bildhauer
8. fleißig – ehrlich – geizig – gesund
9. warm – weich – hell – kalt
10. lesen – schreiben – kneten – zeichnen
11. wellig – gerade – platt – holprig
12. sehen – hören – sprechen – schmecken

Es kann passieren, dass bei Verwendung mehrerer Kategorien z. B. eine Kategorie und damit ganze Gruppen von Informationen vergessen werden. Dies wird verhindert, wenn die Informationen hierarchisch in mehreren Stufen angeordnet oder wenn die Kategorien wiederum zu einem Bild verknüpft werden (vgl. Metzig/Schuster 1998, S. 138). Große Organisationssysteme kennen wir aus der Biologie, wie die Systema naturae von Carl von Linné aus dem Jahre 1735. Hier ein Beispiel:

Klasse:	Insekten
Ordnung:	Schmetterlinge
Familie:	Edelfalter
Gattung:	Schillerfalter
Art:	Großer Schillerfalter.

Es empfiehlt sich, im Lernstoff selbst nach Strukturen wie Kategorien, Oberbegriffen, Regeln zu suchen. Möglicherweise sind die Strukturen, mit denen ein Autor seinen Text gegliedert hat, unserer Denkweise fremd. Dann lohnt es, den Text nach eigenen Kriterien umzustellen.

Zusammenfassung
Durch die Organisation von Informationen werden Kategorien gebildet, die als Abrufhilfen die freie Erinnerung wirksam unterstützen. Auch umfangreiches Lernmaterial wird so gut aufbereitet.

K

Die Übungen zum Strukturieren sind wissensbezogen und meistens nicht einfach. Oft haben die Älteren mehr Erfolg, da sie auf ein fundiertes Wissen zurückgreifen können. Als Einstieg eignen sich solche Übungen, die Anhaltspunkte für die Oberbegriffe geben, wie z. B. die Übung 14. Sind die Aufgaben vertraut, werden sie mit großem Interesse gelöst und fordern zu Diskussionen heraus. Sie eignen sich auch gut zur Arbeit in Kleingruppen.

5.2.4 Beziehungen entdecken – Analogien

Immer wenn wir einen Sachverhalt kommentieren mit „Das ist ja so ähnlich wie ..., das ist im Prinzip nichts anderes als ..." denken wir in analogen Bezügen. Analogien helfen, neue Informationen mit ähnlichem Wissen aus dem Langzeitgedächtnis zu verbinden. Komplizierte Sachverhalte werden mit einfachen ähnlichen Modellen verglichen, um sie zu verstehen.

Übung 17: Analogien bilden

In der folgenden Übung geht es darum, das Verhältnis, das zwischen dem ersten Wortpaar besteht, ähnlich im zweiten Wortpaar herzustellen.

Beispiel: Auge : Licht = Ohr : ?

Aus vier Möglichkeiten kann jeweils ausgewählt werden:

a) leise b) Wärme c) Schall d) Lärm

Da das Auge Reize über das Licht aufnimmt, sollte auch das Aufnahmemedium für das Ohr benannt werden, die Lösung ist deshalb c) Schall. Also verhält sich das Auge zu Licht wie das Ohr zu Schall.

1.	Holz : sägen = Brot :	a) backen b) essen c) reißen d) schneiden
2.	Sofa : Sessel = Erle :	a) Zweig b) Stamm c) Eiche d) Kommode
3.	Bohrer : Loch = Nadel :	a) Naht b) Stich c) Öhr d) Spitze
4.	Ohr : leise = Finger :	a) Hand b) glatt c) scharf d) hell
5.	bestimmt : sicher = Feier :	a) genau b) Saal c) Fest d) fröhlich
6.	Latte : Ratte = Mast :	a) Schiff b) Segel c) Rast d) Reise
7.	Wind : Düne = Gletscher :	a) Moräne b) Sand c) Wasser d) Eis
8.	Teich : Ufer = Seite :	a) Rahmen b) Rand c) Buch d) Heft
9.	Radfahrer : Läufer = Geiger :	a) Sportler b) Sänger c) Musiker d) Geige
10.	werben : verkaufen = Sport treiben :	a) trainieren b) laufen c) gesund bleiben d) jung bleiben

Ein weiteres Beispiel für eine Analogie: Um sich bewusst zu machen, dass „der Gedächtnisabruf ein hochgradig parallel ablaufender Prozess ist, bei dem ein Abrufhinweis gleichzeitig mit einer großen Zahl von Gedächtnisspuren verglichen wird", schlägt Thomas Goschke vor, sich Gedächtnisspuren als eine riesige Anzahl von Stimmgabeln verschiedener Frequenz vorzustellen. Wollen wir uns an einen bestimmten Sachverhalt erinnern und haben einen Hinweis, so entspricht er dem Anschlagen einer Teststimmgabel, die alle die Stimmgabeln unterschiedlich stark in Schwingungen versetzt, die eine Frequenz ähnlich derjenigen der Teststimmgabel haben (vgl. Goschke 1996, S. 381).

Analogien fördern nicht nur das Verständnis, sondern auch kreatives Denken. Wir sollten die Fähigkeit entwickeln, Dinge auf ungewohnte Weise zueinander in Beziehung zu setzen und miteinander zu verknüpfen (vgl. Übung 17). Es wird vermutet, dass wissenschaftliche Leistungen oft dadurch entstanden sind, dass sinnvolle Analogien zwischen verschiedenen Bereichen gebildet wurden. So stellte der englische Mediziner William Harvey (1578–1657) eine Analogie zwischen einer Wasserpumpe und dem menschlichen Herzen auf und entdeckte auf diese Weise den Blutkreislauf (vgl. Wujec 1991, S. 202 ff.).

Zusammenfassung
Das Umsetzen von Analogien als Gedächtnishilfe für den Alltag wird oft nicht erkannt, aber für Lernprozesse voll akzeptiert. Die Bildung von Analogien kann viele Effekte hervorrufen: Es werden bildhafte Vorstellungen entworfen, neues Wissen wird an bekannte ähnliche Sachverhalte angeknüpft, der Übergang vom Kurzzeit- ins Langzeitgedächtnis wird gefördert.

K Die Übungen werden unterschiedlich aufgenommen. Einige Gruppen machen sie ausgesprochen gern, andere weniger. Die Übungen sind mit Diskussionen verbunden, da Einwände oft möglich sind. Analogien sind nur Annäherungen an einen bestimmten Sachverhalt und die Lösung ist deshalb nicht immer eindeutig. Eine gut erklärte abweichende Lösung kann natürlich akzeptiert werden, nur beliebig sollten die Lösungen nicht sein.

5.2.5 Umgang mit speziellem Lernstoff – Zahlen, Namen, Vokabeln

Zahlen

Bei Zahlen handelt es sich im Allgemeinen um eher bedeutungsarmes Material. Dem können wir entgegenwirken, indem wir den Zahlen eine Bedeutung unterlegen: persönliche Daten, bekannte Geschichtszahlen, mathematische Besonderheiten usw.

Beispiele:

16 18 48	1618 – 1648 Dreißigjähriger Krieg
371 173	Spiegelzahl
2 88 49	28.8.(17)49 Goethes Geburtstag
1 31 72 21	Multiplikation 13 x 17 = 221
45 68	45 Kriegsende, '68 Studentenunruhen.

Einzelne Zahlen fassen wir automatisch zu Zweier- oder Dreiergruppen zusammen. Bei Telefonnummern helfen uns die heutigen Tastentelefone, da die Telefonnummer oft in der Form des eingegebenen Musters behalten wird. Eine weitere Möglichkeit ist, mit Hilfe eines Zahlenbilder-Systems Zahlen mit bildhaften Vorstellungen zu verknüpfen. Das Zahl-Form-System haben wir in Punkt 5.2.2 vorgestellt. Es eignet sich als Assoziationssystem nicht nur zum Behalten von Begriffen, sondern auch zum Speichern von Zahlen und basiert auf Schlüsselwörtern, die den Zahlen ähneln (eine Kerze für die 1, ein Schwan für die 2 usw.). Das folgende Zahl-Symbol-System enthält die Zahlen im Schlüsselwort selbst (vgl. Klampfl-Lehmann 1986, S. 157, 158)

0 = Ei
1 = Einhorn
2 = Zwillinge
3 = Dreirad
4 = Vierbeiner
5 = Fünfcentstück
6 = Würfel mit einer oben liegenden Sechs
7 = Siebenschläfer
8 = Achterbahn
9 = „alle Neune" (neun aufgestellte Kegel).
10 = zehn Zehen

Wenn die Geheimzahl Ihrer Scheckkarte z. B. 5826 lautet, könnten Sie sich vorstellen, wie ein Fünfcentstück laut scheppernd eine Achterbahn herunterrollt, von Zwillingen aufgefangen wird, die sich einen Riesenwürfel mit einer dick aufgemalten Sechs kaufen.

Übung 18: Zahl-Symbol-System

Versuchen Sie, sich Zahlen des täglichen Gebrauchs, z. B. eine Telefonnummer oder ein Autokennzeichen mit Hilfe dieses Systems zu merken. Vielleicht kommen Sie besser mit dem Zahl-Form-System zurecht. Finden Sie heraus, welches System Ihnen am meisten liegt.

Auch Zahlenkünstler im Fernsehen oder Teilnehmende an Gedächtnismeisterschaften benutzen Zahlenbilder-Systeme. Bekannt ist das Master-System, das darauf beruht, den Zahlen 0 – 9 bestimmte Konsonanten zuzuordnen (z. B. 0 = s, 1 = t, 2 = n, 3 = m usw.). Die eigentlichen Merkwörter für die Zahlen werden aus der Kombination der vorgegebenen Konsonanten mit Vokalen, die sozusagen nur als Statisten dienen, gebildet, z. B. für die Zahl 12 das Bild „Tanne". Um größere Informationsmengen speichern zu können, werden für die Zahlen 0 – 99 die dem System entsprechenden Begriffe ausgewählt und gelernt (vgl. Stenger 2004, S. 100–115). Bei einem Wettbewerb z. B. werden die zu merkenden Zahlen in Zweiergruppen zusammengefasst, ihnen die entsprechenden Merkwörter zugeordnet und diese dann mit Hilfe der Locitechnik „eingeräumt". Da die von uns unter 5.2.2 vorgestellte Version bei der Fülle der zu behaltenden Zahlen nicht ausreicht, werden verschiedene Routen benutzt, deren Verlauf sich die Zahlenkünstler vorher fest eingeprägt haben. Die mit Hilfe von Gedächtnistechniken erreichten Erinnerungsleistungen sind beeindruckend, uns zeigen sie jedoch vor allem, wie hilfreich die Kraft der Bilder beim Behalten ist.

Zusammenfassung
Zahlen lassen sich erfolgreich in Bilder umsetzen. Gerade die Zahlenbilder-Systeme helfen, wichtige Zahlen zu behalten, z. B. die Geheimnummer der Scheckkarte, eine Hausnummer oder die Abfahrtszeit eines Busses.

K

Im Kurs stoßen die Zahlenbilder-Systeme zuerst auf Widerstand. Wie am Ende von Kapitel 5.2.2 erläutert, wirken Mnemotechniken umständlich, sie müssen sorgfältig eingeübt werden. Dann nutzen sie einige Teilnehmende auch für das alltägliche Behalten. Mit dem Herstellen von persönlichen Assoziationen zu Zahlen kommen die meisten besser zurecht.

Namen

Gesichter bleiben besser im Gedächtnis haften als Namen. Sie stellen ein Bild dar, während der Name oft ein abstrakter Begriff ist. Auch werden Gesichter und Namen offensichtlich in unterschiedlichen Bereichen des Gehirns gespeichert. Um sich einen Namen einzuprägen, greifen wir auf die Technik der bildhaften Verknüpfung zurück (vgl. Kap. 5.2.1). Haben wir auf die Aussprache und die Sprechweise der Person geachtet und uns der genauen Schreibweise vergewissert, sollten wir in einem ersten Schritt versuchen, dem Namen eine Bedeutung zu geben und ihn in ein Bild umzusetzen. Oft verweist ein Name auf einen konkreten Begriff, z. B. auf den Beruf des Schneiders. Dann ist es nicht schwer, sich ihn bildhaft vorzustellen. Ist dies nicht der Fall, suchen wir nach Wörtern, die in diesem Namen stecken könnten. Im Namen Gerst entdecken wir z. B. das Wort Gerste. So stellen wir uns vor, wie Frau Gerst mit einem Arm voll Gerste vor uns steht.

In einem zweiten Schritt sollten wir das Gesicht, die Gestalt, Mimik und Gestik aufmerksam betrachten und auf besondere Merkmale achten. Je mehr Merkmale verarbeitet werden, umso schneller werden wir eine Person wiedererkennen. In einem dritten Schritt kommt es darauf an, das auffallende Merkmal mit dem Namen der Person zu verbinden. Da Frau Gerst dicke blonde Haare hatte, war die Verknüpfung zum Namen einfach. Auch bewegte Bilder prägen sich gut ein. Ich erinnere mich an einen Teilnehmer, der zum Gehen einen Stock benutzte, mit dem er bei jedem Schritt eine ausholende Bewegung machte. So prägte ich mir ein „Platz da für Herrn Pletz“, eine Verknüpfung, die ich nicht mehr vergaß.

Der Abruf eines Namens aus dem Langzeitgedächtnis braucht unter Umständen viel Zeit, vor allem, wenn wir die Person eine Zeitlang nicht gesehen und mit ihrem Namen nicht angesprochen haben. Dann hilft nur Geduld und eventuell ein: „Ich erinnere mich gut an Sie, aber Ihr Name fällt mir leider im Moment nicht ein!“

Zusammenfassung

Auch die Technik zum Behalten von Namen kommt vielen umständlich vor, zeigt jedoch gut die Vorteile der bildhaften Verknüpfung. Das Verbinden des Namens mit einem Merkmal der Person stellt einen hohen Erinnerungswert dar. Wie oft erleben wir bei einer Vorstellung, dass Personen durch das Nennen einer Eselsbrücke zu ihrem Namen bereits Hilfe beim Behalten anbieten.

K

Sind die Teilnehmenden über einen längeren Zeitraum zusammen, kann das Behalten der Namen der Anwesenden bereits am Kursanfang ein Training darstellen und die Gruppe wächst so schneller zusammen. Auf verschiedene Weise können die Namen wiederholt werden: durch Zuwerfen eines Balles, durch Herstellen der alphabetischen Reihenfolge der Namen u. Ä. Auch Kärtchen mit jeweils einem Begriff können gezogen werden. Der Begriff wird von der Teilnehmerin oder dem Teilnehmer kurz vorgestellt. Die Kärtchen werden eingesammelt und in einer zweiten Runde wird wieder ein Kärtchen gezogen (natürlich nicht das eigene). Dann wird erinnert, wer in der ersten Runde den Begriff vorgestellt hat.

Vokabeln

Es gibt sowohl Namen als auch Vokabeln, die schwer zu behalten sind. So empfiehlt sich wieder die Drei-Schritt-Methode: Zuerst wird die Vokabel so verändert, dass sich aus ihr sinnvolle Wörter und damit bildhafte Vorstellungen ergeben. Ein Beispiel: Die Bedeutung des englischen Worts „tantrum" (deutsch: Wutanfall) lässt sich über die Worte „Tarantel" und „herum" ableiten – man stellt sich bildhaft vor, wie jemand herumhüpft wie von der Tarantel gestochen, weil er einen Wutanfall hat (vgl. Klampfl-Lehmann 1987, S. 153).

Dies ist eine sichere Methode zum Lernen von Vokabeln, die jedoch in der Praxis nur für die „harten Brocken" angewandt wird. Da das Vokabellernen und das Konjugieren von Verben eher dem prozeduralen Gedächtnis zuzuordnen sind (vgl. Kap. 2.3.2), sind viele Wiederholungen nötig. Die Speicherung erfolgt langsam. Es empfiehlt sich eine mehrfache Wiederholung in größer werdenden Abständen und eine ständige Überprüfung des Lernerfolgs. Hierfür eignet sich die Lernkartei von S. Leitner (1985, S. 64–72). Durch ihre Einteilung in fünf Fächer trägt sie einer fünffachen Wiederholung Rechnung. Obwohl inzwischen Karteien durch Dateien ersetzt werden, hat sie immer noch einen hohen praktischen Wert.

Die Lernkartei kann man kaufen oder selbst herstellen. Der fertige Kasten sollte eine Länge von 30 cm, eine Höhe von 5 cm und eine Breite von 11 cm haben. Die Kärtchen sollten entsprechend 7 cm hoch und 10,5 cm breit sein (vgl. Abb. 8).

Wörter und Redewendungen, die z. B. beim Erlernen der italienischen Sprache in den ersten Kapiteln eines Lehrbuchs vorkommen, werden auf die Karteikarten geschrieben. Dabei wird für jedes Wort und jeden Satz eine eigene Karteikarte verwendet. Der deutsche Ausdruck wird auf die Vorder-, der italienische auf die Rückseite geschrieben. Wenn 30 bis 40 Kärtchen beschrieben sind, wird der

Abbildung 8: Das Prinzip der Lernkartei

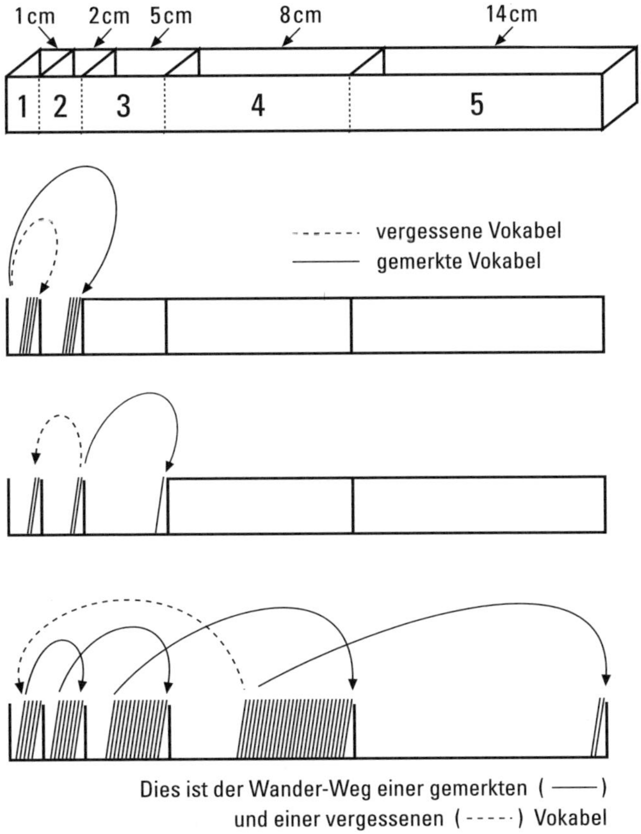

ganze Stoß in das erste und schmalste Fach des Kastens gesteckt, und zwar so, dass die Vorderseiten der Karten mit den deutschen Ausdrücken zu sehen sind.

Die erste Karte wird herausgenommen, man überprüft, ob der italienische Ausdruck noch im Gedächtnis ist. Wird die Vokabel nicht mehr erinnert, muss sie neu eingeprägt werden. Die Karteikarte wandert zurück in dasselbe Fach, diesmal an die Rückseite des Kärtchenstoßes. Wird sie erinnert, so wandert sie in das zweite Fach der Lernkartei. Auf die beschriebene Weise wird der ganze Kartenstoß in Fach eins durchgegangen. Damit tritt sofort eine Entlastung von all jenen Vokabeln ein, die schon im Gedächtnis geblieben sind. Sie müssen vorerst nicht wiederholt werden.

Schließlich bleiben im Fach eins nur jene Vokabeln übrig, die nicht schon beim ersten Durchgang gelernt wurden, und die gleiche Prozedur beginnt noch einmal. Behaltene Vokabeln wandern, nicht gelernte müssen öfter wiederholt werden. Der Wiederholungsvorgang wird so lange fortgesetzt, bis im Fach eins nur noch einige besonders schwer einzuprägende Vokabeln übrig geblieben sind. Danach kann eine weitere Lektion auf die beschriebene Weise in den Karteikasten eingespeist werden. Nach etwa drei bis vier Lektionen wird das zweite Fach voll. Um wieder Platz zu schaffen, wird auch dieses Fach, mit den vordersten Vokabeln beginnend, teilweise geleert. Dabei werden auch jene Vokabeln wiederholt, die schon einmal als „behalten" weiterwandern durften. Vokabeln, die auch ein zweites Mal erinnert werden, dürfen weiter in Fach drei, die inzwischen vergessenen kommen zurück in das Fach eins.

Das ist wichtig:

- Fach zwei wird erst dann gelichtet, wenn dort kein Platz mehr ist.
- Fach zwei wird dabei, von vorn nach hinten, nur einen Finger breit geräumt.
- Die Vokabeln aus dem Fach zwei, die noch immer erinnert werden, kommen nach hinten in Fach drei.
- Jene Vokabeln, die inzwischen wieder vergessen wurden, werden aus Fach zwei zurück in Fach eins gesteckt.

Wenn im Fach zwei wieder genug Raum ist, kann das Fach eins mit neuen Vokabeln bestückt werden und wird wie vorher weiter durchgearbeitet. Wird Fach zwei dabei mehrmals zu voll, muss dort wieder ein Fingerbreit Platz geschaffen werden. Bei Fach drei und vier wird ebenso verfahren. Wenn das fünfte Fach voll ist und wieder (nur einen Finger breit) ausgeräumt werden muss, können Karten mit Vokabeln, die noch fehlerfrei im Gedächtnis haften, ohne Sorge weggeworfen werden. Weitere Tipps zum Vokabellernen sind:

- nicht mehr als 30 Vokabeln pro Lernphase lernen, in Zehnerblocks aufteilen, laut nachsprechen;
- visualisieren durch Aufschreiben auf Merkzettel (selbstklebende Zettel), die gut sichtbar aufhängt werden, Lernplakate farbig beschriften;
- audiovisuelles Material benutzen (Fernsehen, Video, CD-ROM);
- Kassetten in der fremden Sprache besprechen;
- Reimsprüche einprägen (To eat ate eaten – wer isst schon gern Termiten?);
- Sätze bilden, kleine Texte schreiben, laut nacherzählen.

Zusammenfassung
Für das Einprägen von Vokabeln gilt allgemein das für das Einspeichern von Informationen gültige Vorgehen: möglichst viele Sinne einsetzen, neue Informationen bildhaft mit bereits vorhandenem Wissen verknüpfen, z. B. Ähnlichkeiten mit vertrauten Wörtern der Muttersprache suchen, mehrfach aktiv wiederholen. Erlernen wir im Erwachsenenalter eine Sprache neu, müssen wir hoch motiviert sein, um dieser schwierigen Lernaufgabe gerecht zu werden. Wir sollten uns daran erinnern, dass auch das Sprachenlernen in der Schule mit hohem Zeit- und Arbeitsaufwand verbunden war. Auf der anderen Seite wird heute in den Sprachkursen durch unterschiedliche Methoden und abwechslungsreiche Lernaufgaben diesen Schwierigkeiten Rechnung getragen.

K In jedem Gehirntrainingskurs gibt es Teilnehmende, die an Tipps zum Vokabellernen und an der Lernkartei interessiert sind. Sie kann im Prinzip für alle Wissensgebiete verwendet werden, z. B. für das Lernen von Formeln oder Fachausdrücken.

5.2.6 Lesend lernen oder lesen, ohne zu lernen?

Bei der Fülle des Lesestoffs, der täglich zu bewältigen ist, wünschen wir uns, beim ersten Lesen möglichst viel zu merken. Der Versuch, Inhalt und einzelne Fakten zu behalten, stört jedoch den Lesefluss, und das Wesentliche eines Textes wird nicht erfasst. Andererseits ist das schnelle Durchlesen eine eher oberflächliche Behandlung des Inhalts und führt nicht zwangsläufig zum Speichern des Lesestoffes. So sollten wir zuerst entscheiden, ob wir einen Text lesen oder ob wir mit ihm lernen wollen (vgl. Michelmann/Michelmann 1995, S. 126). Dann ist eine Auswahl zu treffen, ob der Text zum Lernen geeignet ist. Dies geschieht durch das Lesen von Vorwort, Inhaltsverzeichnis, Quellenverzeichnis u. Ä. und/ oder durch das Überfliegen des Textes, um Aufbau und Darstellungsweise kennen zu lernen. Ist die Entscheidung für den Text gefallen, werden Lernziele festgelegt, d. h. Fragen formuliert, die durch das Lesen des Textes beantwortet werden sollen. Wir überlegen uns, was wir von dem Inhalt erwarten, und aktivieren bereits gespeichertes Wissen und Erfahrungen zu diesem Thema.

Lesen Sie den Text dahingehend, ob Sie Antworten auf Ihre Fragen finden. Halten Sie das Gelesene in bestimmten Abständen fest, indem Sie die gestellten Fragen schriftlich beantworten. Zu diesem studierenden Lesen können auch Techniken wie Unterstreichen, Randnotizen und das Schreiben von

Zusammenfassungen gehören. Seien Sie kritisch, formulieren Sie Zustimmung oder Ablehnung. Eventuell hilft es, eine Skizze anzufertigen oder den Text auf Ihre Weise zu strukturieren. So wird ein aktiver Umgang mit dem Text unterstützt. Zum Schluss prüfen Sie anhand des Textes, ob die Antworten den Frageformulierungen entsprechen und hilfreich sind.

Diese Schritte gewährleisten einen intensiven Umgang mit dem Lesestoff und somit seine Speicherung – vorausgesetzt, Sie überprüfen Ihren Wissensstand durch aktives Wiederholen der wichtigsten Aussagen bzw. Fakten so lange, bis dieser Text, nach einiger Zeit, im Langzeitgedächtnis aufbewahrt wird. Soll das Lesen des Textes nur der Information oder dem Erfassen der wesentlichen Inhalte dienen, so empfehlen wir, sich den Inhalt beim Lesen bildhaft vorzustellen, die Kernaussagen zu unterstreichen und mit Hilfe der Markierungen am nächsten Tag nochmals zu wiederholen. So wird z. B. ein Artikel aus einer Fachzeitschrift sicherer eingeprägt als beim einfachen Durchlesen.

Zusammenfassung
Auch beim Lesen kommt es darauf an, unterschiedliche Strategien zur Informationsaufnahme anzuwenden. Wenn der Text im Mittelpunkt des Interesses steht, der Inhalt verstanden wird, in Bilder umgesetzt und aktiv wiederholt wird, kann er behalten und erinnert werden.

K

Ein den Teilnehmenden vorgelegter Text, der später anhand von Fragen oder als Lückentext rekapituliert wird, kann in das Thema einführen. Anhand von Büchern zu einem bestimmten Thema kann ausprobiert werden, ob es gelingt, sich innerhalb von 20 Minuten einen Überblick über Aufbau und Inhalt eines Buches zu verschaffen und sich anschließend für oder gegen das Lesen des Inhalts zu entscheiden.

5.2.7 Wiederholung – die Mutter des Gedächtnisses

Hilft uns das Wiederholen beim Einprägen? Das Wiederholen ebenso wie das Durchlesen und Anschauen ist die eher oberflächliche Bearbeitung eines Lernstoffs und führt nicht unbedingt zur langfristigen Speicherung (vgl. Metzig/Schuster 1998, S. 19 f., S. 225). Die Wiederholung hilft jedoch, eine motorische Fähigkeit zu erlernen, eine Telefonnummer im Arbeitsgedächtnis zu halten, ein Gedicht oder Vokabeln zu lernen, um uns an den Klang, den Rhythmus, die Aussprache zu gewöhnen. Wir müssen vor allem aktiv mit der Information umgehen, indem wir den Lernstoff mit bereits vorhandenem Wissen verknüpfen, ihn strukturieren, nach Ähnlichkeiten suchen usw. Damit unterstützen wir die Arbeitsweise des Gehirns. Zusätzlich werden wir den auf dieser Basis erlernten Lernstoff auch wiederholen, um die Speicherung zu festigen.

Die Vergessenskurve fällt in den ersten Tagen besonders steil ab (vgl. Leitner 1985, S. 64), später wird die Kurve flacher. Das bedeutet, dass zuerst häufiger, später seltener und in größeren Zeitabständen wiederholt werden sollte. Beides, sowohl eine sinnvolle Bearbeitung des Stoffes als auch eine zeitliche Verteilung, unterstützt das Lernen und vermindert den Zeitaufwand beträchtlich. Ein gutes Beispiel ist die Lernkartei, die wir im Kapitel 5.2.5 beschrieben haben. Wichtig ist in diesem Zusammenhang, dass der Lernaufwand zum Lernerfolg in keinem linearen Verhältnis steht. Die an sich plausible Annahme, dass die Menge der gelernten Elemente mit steigendem Lernaufwand (gemessen in Zeiteinheiten oder Wiederholungen) zunimmt, lässt sich in der Praxis nicht bestätigen. Einmal eingeprägter Lernstoff lässt sich durch zusätzliches, zeitverlängerndes Wiederholen nicht fester verankern Für die zeitliche Verteilung schlägt Leitner eine fünffache Wiederholung in immer größer werdenden Zeitabständen vor (vgl. Kap. 5.2.5). In Anlehnung daran könnte eine erste Wiederholung nach dem Lernen am ersten Tag, eine zweite Wiederholung am nächsten Tag, eine dritte Wiederholung nach einer Woche, eine vierte Wiederholung nach zwei Wochen und eine fünfte Wiederholung nach einem Monat den Lernstoff nachhaltig speichern. Im Schulbetrieb ist die Wiederholung gewährleistet. Beim individuellen Lernen oder beim Besuch eines Wochenendkurses fehlt oft das Wiederholen in immer größeren Abständen. Deshalb sollte genügend Zeit zum Nacharbeiten des Stoffes eingeplant werden.

Verarbeitungstiefe – zusammenfassen oder ausarbeiten?

Zählen die reine Wiederholung und das Durchlesen eines Textes zu den weniger tiefen Verarbeitungsstrategien, so sind die bildhafte Speicherung, die Ausarbeitung bzw. Organisation des Lernstoffes und die Auseinandersetzung mit ihm Beispiele für eine hohe Verarbeitungstiefe. Metzig/Schuster (1998, S. 160 ff.) zitieren eine Untersuchung von Benton aus dem Jahre 1983, die zeigt, dass solche Texte besser behalten werden, mit denen sich der Leser oder die Leserin auseinandersetzen musste, weil anschließend Fragen dazu gestellt wurden. Auch die Selbstbezogenheit, die persönliche Bedeutung von Informationen wirkt sehr lernfördernd. So bestätigt sich wieder, dass die Gefühle eine aktive Rolle beim Speichern von Gedächtnisinhalten spielen.

Eine Hierarchie der Verarbeitungsstufen wird von Goschke in Frage gestellt, da verschiedene Aspekte einer Information (Schreibweise, Bedeutung) offenbar teilweise parallel verarbeitet werden können und auch bei oberflächlicher Betrachtung die Bedeutung von Wörtern anscheinend automatisch verarbeitet werden kann (vgl. Goschke 1996, S. 378 f.). Auch eine reine Wiederholung kann zum Speichern im Langzeitgedächtnis führen, da sie die Synapsen der beteiligten Neuronen verstärkt. Sicherer ist eine intensive Bearbeitung, die auch das Erinnern erleichtert. Sind Informationen fremd, schwierig, zu abstrakt oder aus unzusammenhängenden Einzelinformationen zusammensetzt, werden wir den Lernstoff ausarbeiten (elaborieren), Beispiele hinzufügen u. Ä., um die neue Information besser an im Langzeitgedächtnis vorhandenes Wissen anzuknüpfen. Werden nicht Fakten eingeprägt, sondern wird aus Texten gelernt, sollten diese auf das Wesentliche reduziert werden. Wichtiges muss von Unwichtigem unterschieden werden. Auch das aktive Mitschreiben von Kernaussagen bei einem Vortrag oder beim Lesen eines Textes hilft, den Inhalt besser zu verankern. Untersuchungen haben ergeben, dass mitgeschriebene wesentliche Textinformationen eines Vortrags – ohne Möglichkeit, die Mitschrift einzusehen – nach einer Woche bis zu siebenmal häufiger erinnert wurden als Gedanken, die nicht schriftlich festgehalten waren. Allerdings hängt dies auch vom Vorwissen und der Qualität der Kernaussagen ab (vgl. Metzig/Schuster 1998, S. 48).

Zusammenfassung
Das reine Wiederholen bzw. das Auswendiglernen fällt uns schwer, sobald wir dem schulpflichtigen Alter entwachsen sind. Im Sinne auch eines ökonomischen Umgangs mit der Lernzeit empfehlen wir, mit den Informationen bewusst umzugehen und den Lernstoff aktiv zu wiederholen, d. h. in seinen Zusammenhängen und aus der eigenen Erfahrung heraus zu betrachten.

K Natürlich werden immer wieder Teilnehmende versuchen, z. B. beim Training des Kurzzeitgedächtnisses Begriffe auswendig zu lernen. Sie werden jedoch merken, dass sie, wenn die Anzahl der Begriffe steigt, weniger Erfolg haben, und sind dann eher bereit, eine Lernstrategie auszuprobieren.

5.3 Der Prozess des Erinnerns

5.3.1 Wie der Abruf aus dem Langzeitgedächtnis gelingt

Beim Abruf von Informationen sucht das Gehirn nach Hinweisen, die das Erinnern erleichtern. So kann ein bestimmter Aspekt eines Ereignisses, z. B. der Geruch des Meeres, eine ganze Kette von Erinnerungen hervorrufen. Der Hinweisreiz führt nämlich zur Aktivierung von ähnlichen oder assoziierten Mustern, repräsentiert von zusammengeschalteten Nervenzellen. Je mehr Hinweisreize beim Behalten einer Information mit eingespeichert werden, umso leichter fällt der spätere Abruf. Auch Gefühle tragen zum Erinnern bei, z. B. wenn wir uns beim Abrufen in die gleiche emotionale Stimmung versetzen wie beim Aufnehmen. Die Erinnerungsleistung hängt offenbar nicht nur von der Verarbeitungstiefe beim Einspeichern ab, sondern auch davon, in welchem Maße beim Speichern und Abrufen ähnliche Verarbeitungsprozesse wirksam werden (vgl. Goschke 1996, S. 379). Da die unterstützte Erinnerung leichter fällt als die freie Reproduktion eines Sachverhalts, ist es auch aus diesem Grund wichtig, über zusätzliche Abrufhinweise zu verfügen (vgl. hierzu auch die Übungen 19 bis 22 zum Abruf aus dem Langzeitgedächtnis).

Haben wir zum Beispiel den Klang eines Wortes, den Rhythmus einer Telefonnummer, den Anfangsbuchstaben eines Namens bewusst mit gespeichert, können wir über diese Hinweisreize leichter die gesuchte Information abrufen. Am wirksamsten ist der Abruf über die Struktur oder die Kategorie, unter der wir die Information eingeordnet haben, oder über die Situation, in der wir die Information aufgenommen haben. Gerade das episodische Gedächtnis ist sehr hilfreich, da es unsere eigenen Erlebnisse zeit- und ortsbezogen speichert und uns das Zurückversetzen in Raum und Zeit viele Erinnerungen zurückbringen kann. Auch die mitaufgenommenen Sinneseindrücke helfen beim Abruf, z. B. Gerüche, Tastempfindungen, Hörerfahrungen. Metzig/Schuster (1998, S. 32) empfehlen, Lernstoff an verschiedenen Orten zu lernen. Die unterschiedlichen Lernorte werden dann zu Hinweisreizen, die die Erinnerungsleistung verbessern. Schauspieler ordnen beim Lernen ihrer Rolle ganz bewusst einen Text dem entsprechenden Standort auf der Bühne und ihrem Gegenüber zu. H. Ernst zitiert den Gedächtnisforscher Robert Bjork, der darauf hinweist, dass in zunehmendem Maße die Informationsaufnahme im gleichen Kontext stattfindet: Viele Menschen beziehen Informationen über den Bildschirm des Fernsehers oder des Computers, über Telefon und Telefax, meist im selben Raum sitzend. Die Hinweisreize verringern sich so beim Speichern und der Abruf wird erschwert (vgl. Ernst 1998, S. 25 f.). Ein wichtiger Faktor ist die Zeit: Es kann eine Zeitlang dauern, bis das Gehirn die Erinnerung wiederfindet. Wir alle kennen das Phänomen: Haben wir uns nach einem kurzen Gespräch von der Nachbarin verabschiedet und sind ein paar Minuten weitergegangen, fällt uns der Name plötzlich ein! Im Alter verlangsamt sich der Erinnerungsprozess, so dass es noch schwerer fällt, sich unter Zeitdruck zu erinnern.

Übungen zum Abruf aus dem Langzeitgedächtnis

Übung 19:

Schriftsteller und Schriftstellerinnen von A bis Z
(Beispiele für Abrufhilfen: Kinderbücher, Deutschunterricht, verfilmte Literatur, Theater, verschiedene Literaturgattungen, Reiselektüre)

Übung 20:

Suchen Sie 15 Hauptwörter, die mit D beginnen und mit R enden, z.B. Dauer, Dalmatiner!
(Beispiele für Abrufhilfen: Herkunftsbezeichnungen, z.B. Düsseldorfer, Berufsbezeichnungen oder Tätigkeiten, z.B. Dreher, Dudelsackspieler, zusammengesetzte Wörter, z.B. Dosenöffner).

Übung 21:

Suchen Sie 20 Wörter, die abwechselnd mit Land- oder Stadt- beginnen!
(Beispiele für Abrufhilfen: Berufsbezeichnungen, z.B. Stadtrat, Landarzt, Behörden oder Einrichtungen, z.B. Stadtschulamt, Landschulheim).

Übung 22:

Suchen Sie 15 Männernamen, die mit s enden!
(Denken Sie auch an biblische und römische Namen!).

Zusammenfassung
Viele Informationen sind zwar im Langzeitgedächtnis gespeichert, aber auf Grund fehlender geeigneter Abrufreize nicht zugänglich. Gehen wir bewusster und methodischer beim Einprägen vor, hilft dies auch beim Erinnern. Die Abrufreize können unterschiedlicher Art sein: Raum, Zeit, Struktur, Kategorie, verschiedene Sinnesempfindungen sind Auslöser für die Erinnerung und sollten bewusst eingesetzt werden.

K

Die Übungen zum Abruf aus dem Langzeitgedächtnis sollten in keiner Kursstunde fehlen. Gerade in Fortsetzungskursen zeigt sich der Trainingseffekt. Die hier vorgestellten Übungen stellen nur einen kleinen Ausschnitt aus der Vielzahl von Aufgaben dar. Die Suche nach Begriffen von A bis Z (Bäume, Gemüse, Eigenschaftswörter, Landschaften, aktuelle Ereignisse usw.) und die verschiedenen Quiz-Formen, aber auch die „Gefüllte Kalbsbrust" und das „Stadt-Land-Fluss-Spiel" gehören dazu.

5.3.2 Getreue Wiedergabe oder kreativer Prozess?

Wie wir in Kapitel 2.1 beschrieben haben, sind die Inhalte unseres Langzeitgedächtnisses Ergebnisse der Verarbeitung durch unser Wahrnehmungssystem. Sie sind deshalb nicht objektiv, sondern eingefärbt durch unsere individuelle Betrachtungsweise auf Grund der eigenen Lebenserfahrung. Auch die spätere Erinnerung ist keine getreue Wiedergabe, sondern ein kreativer Prozess, in dem vergangene Erfahrungen dazu verwendet werden, ein bestimmtes Ereignis zu rekonstruieren (vgl. Kupfermann/Kandel 1996, S. 673). Wir setzen Strategien wie Vergleiche, Schlussfolgerungen, Vermutungen, Verallgemeinerungen ein, um ein stimmiges und zusammenhängendes Bild unserer Erinnerungen herzustellen. Auf diese Weise können auch unvollständige Erinnerungsmuster vervollständigt werden.

5.3.3 Vergessen – eine Notwendigkeit?

Wie wir im vorigen Kapitel festgestellt haben, können wir uns oft nicht an Informationen erinnern, weil geeignete Hinweisreize fehlen. Auch kann der Abruf zeitweise (z. B. unter dem Einfluss von Drogen) gestört sein (vgl. Menzel/Roth 1996, S. 251). Es gibt viele Ursachen des Vergessens: Wenn die Bedingungen des Einprägens nicht gegeben sind, Interesse und Motivation, Konzentration, Wahrnehmung und Aufmerksamkeit, kann der Behaltensprozess nicht eingeleitet werden. Die Sinne filtern je nach unseren aktuellen Bedürfnissen aus, was nicht notwendig ist. Müssten wir alle auf uns einströmenden Reize gleichzeitig bearbeiten, würde das Zentralnervensystem zusammenbrechen. Oft wird der Lernvorgang unterbrochen, weil eine neue Situation unsere volle Aufmerksamkeit erfordert, oder die Information wird nur flüchtig betrachtet und im Arbeitsgedächtnis nicht bearbeitet. Neue Gedächtnisinhalte sind anfangs empfindlich gegen Störungen. Erst nach einer gewissen Zeit, wenn die Information in eine Langzeitform umgewandelt worden ist, ist sie stabil und rückholbar (vgl. ebd., S. 250).

Das Langzeitgedächtnis funktioniert prinzipiell unbegrenzt (vgl. Goschke 1996, S. 368), doch nicht jede dort gespeicherte Information ist abrufbar. Es ist noch nicht geklärt, ob der Abruf verschüttet und deshalb nicht mehr zugänglich ist oder ob Informationen wirklich verloren gehen. In der Hypnose zum Beispiel erinnern sich Menschen an Dinge, die für sie davor nicht erreichbar waren (vgl. Oswald/Rödel 1995, S. 277). Auch können Informationen wieder aktiviert werden, von denen wir glaubten, sie längst vergessen zu haben. Französische Schulkenntnisse tauchen nach Jahrzehnten wieder auf, wenn wir uns in einem Französischkurs wieder mit dieser Sprache beschäftigen. Ein Gespräch mit einer ehemaligen Schulkameradin bringt uns ein „vergessenes" Ereignis wieder zurück. Vergessen ist ein ganz normaler, auch notwendiger Prozess. Es schützt uns vor einem Zuviel von eingehenden Informationen, filtert das im Augenblick Wesentliche heraus und befreit uns von leidvollen Erinnerungen. Wir können uns vorstellen, wie schmerzvoll es ist, wenn lebensbedrohende Ereignisse nicht vergessen werden können. Nach Ansicht von Minninger darf sich jede(r) eine Fehlerquote von 20 Prozent zubilligen, ohne am Gedächtnis verzweifeln zu müssen (vgl. Minninger 2004, S. 254). Wir sollten uns keine Vorwürfe machen (lassen), wenn wir etwas vergessen haben, sondern uns freuen, wenn wir uns an einen Namen oder einen Begriff erinnern!

Zusammenfassung
Wir können uns zwar im allgemeinen auf unser Gedächtnis verlassen, müssen jedoch wissen, dass es subjektiv eingefärbt ist. Offenbar werden auf Grund neuer Erfahrungen Erinnerungen auch umgestaltet. Für das Vergessen gibt es viele Gründe. Es hat eine Schutzfunktion, kann aber auch ein Ärgernis sein.

5.4 Mit Logik und Phantasie durch Raum und Zeit

„Denk doch einmal ruhig nach!" Oder: „Denk doch nur logisch!" Das sind alltägliche Aufforderungen, wenn es darum geht, größere oder kleinere Probleme lösen zu wollen. Jeder Mensch kann denken, Denken ist eine geistige Fähigkeit. Das Denken lässt sich trainieren wie die Muskulatur. Die geistige Beweglichkeit und das Denkvermögen können durchaus als Selbstzweck angesehen werden. Ein trainiertes Gehirn erleichtert das Verstehen auch fremder Bereiche, das Erkennen von Zusammenhängen, das Finden, Prüfen und Bewerten von Handlungsmöglichkeiten und Lösungsmustern. Denken ist zielgerichtet und folgerichtig, ist geistiges Tun, das spätestens dann einsetzt, wenn Hindernisse auf dem Weg zum Ziel auftauchen. Ein Beispiel aus dem Alltag: Das allzu fest verknotete Schuhband, das sich mit den Fingern nicht mehr lösen lässt, wird nach kurzem Nachdenken mit einem spitzen Gegenstand gelockert (es hätte auch durchgeschnitten werden können, mit sehr lästigen Folgen, die gedanklich vorweggenommen und verworfen werden).

5.4.1 Das ist doch logisch – schlussfolgerndes Denken

Wir bewegen uns nur selten im Walzerschritt durchs Leben, die eine oder der andere manchmal aber doch. Wer durchs Leben tanzt, ist ein Träumer! Oder ein Lebenskünstler?

Beispiel:
Wir behaupten: 1. Tänzer sind Künstler
2. Alle Künstler sind Träumer
Folgerung: Alle Tänzer sind Träumer.

Dies ist ein Beispiel für logisches Schlussfolgern, wie es unser Gehirn regelmäßig anstellen muss, um Probleme zu bewältigen und Lösungsmöglichkeiten zu finden. Die psychologische Forschung beschäftigt sich eingehend mit Denkprozessen, deren Abläufe sich mathematisch-logisch darstellen lassen. Solche mathematisch-logischen Aufgabenstellungen werden in vielen Einstellungs- und Intelligenztests angewandt oder in Kursen zum Bewerbungstraining verwendet. Uns geht es hier vor allem darum, Hilfestellung für das schlussfolgernde Denken zu geben und Vorgehensweisen vorzustellen, die bei der Bewältigung verschiedener alltäglicher Aufgaben erfolgreich eingesetzt werden könnten.

Es ist eine besondere Fähigkeit des Menschen, aus seinen Beobachtungen, Vorstellungen und Erfahrungen Schlussfolgerungen zu ziehen und so neue Erkenntnisse zu gewinnen. Das heißt, aus vorhandenen Informationen werden neue Informationen abgeleitet und weiterverwendet. Im genannten Anfangsbeispiel wissen wir zunächst zwei Dinge, erstens: Tänzer sind Künstler und zweitens: alle Künstler sind Träumer. Aus diesen Informationen kann nun logisch folgerichtig geschlossen werden: alle Tänzer sind Träumer. Damit haben wir eine neue Erkenntnis gewonnen. Um den „richtigen“ Schluss ziehen zu können, brauchen wir Vorinformationen, etwa zwei Behauptungen (Prämissen), die wir als wahr ansehen und aus denen wir dann die Schlussfolgerung ziehen. Weitere logische Folgerungen lassen sich aus so genannten Wenn-dann-Beziehungen entwickeln.

Beispiel:
Aussage: Wenn Marie in die Stadt geht, bringt sie Brot mit.
Information: Marie ist unterwegs in die Stadt.
Folgerung: Marie bringt heute Brot mit.

Wieder haben wir es mit zwei Aussagen zu tun, wobei die eine eine begründete Annahme ist (Marie bringt regelmäßig Brot mit, wenn sie in der Stadt ist). Der zweite Vorgang ist abhängig vom ersten und kann auch nur dann logisch gefolgert werden, wenn die Annahme gilt.

Die dritte Möglichkeit des Folgerns ergibt sich aus Analogieschlüssen. In Kapitel 5.2.4 sind wir näher darauf eingegangen.

Beispiel: Die Eisenbahn verhält sich zur Schiene wie das Auto zur Straße.

Probleme des Alltags können sich mit Hilfe von Analogien leichter lösen lassen, als zunächst vermutet. Das Bilden von Analogien ist deshalb wichtiger und interessanter Bestandteil bei den Übungen zur Stärkung der Gehirnleistung. Wir stellen Ähnlichkeiten fest und schließen daraus auf Handlungsmöglichkeiten. Jede Hausfrau behilft sich mit dieser Art des logischen Denkens, zum Beispiel bei der Zubereitung von Speisen mit ungewöhnlichen oder unbekannten Nahrungsmitteln.

Übungen zum logischen Denken

Bei den folgenden Übungen kommt es darauf an, durch genaues Betrachten der vorgegebenen Figuren bzw. Zahlen die Reihen sinnvoll zu ergänzen.

Übung 23: Was kommt nun?
Versuchen Sie zunächst festzustellen, nach welchem Prinzip die Elemente angeordnet sind und wählen Sie dann die passende Lösung aus den Vorschlägen A, B oder C heraus.

a

b

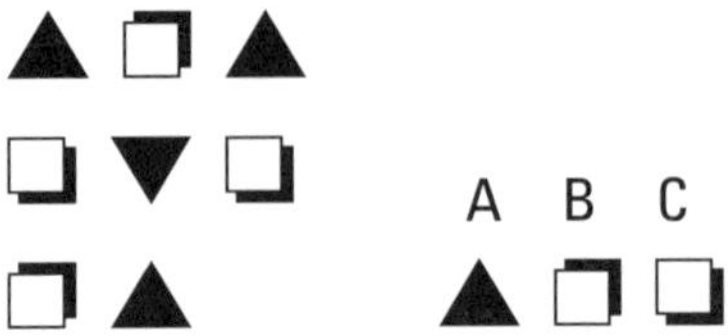

Übung 24: Setzen Sie die Reihe logisch fort:

A B C

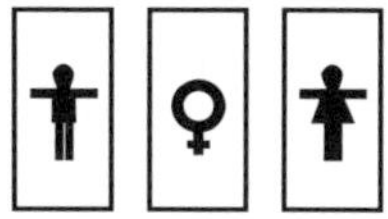

Übung 25: Zahlenreihen fortsetzen

Jede Zahlenreihe ist nach einem bestimmten System aufgebaut. Ermitteln Sie zuerst die einzelnen Schritte von einer Zahl zur nächsten. Auf diese Weise finden Sie dann heraus, mit welcher Zahl sich die Reihe fortsetzt. (Alle vier Rechenarten sind möglich.)

Beispiel:

3 5 8 10 13 15 ?

(Lösung 18, da die Schritte zwischen den Zahlen abwechselnd +2 und +3 sind)

1)	**57**	**53**	**49**	**45**	**41**	**37**	**?**	
2)	**2**	**4**	**6**	**12**	**14**	**28**	**?**	
3)	**1**	**4**	**2**	**8**	**4**	**16**	**?**	
4)	**13**	**31**	**18**	**36**	**23**	**41**	**?**	
5)	**4**	**9**	**16**	**25**	**36**	**49**	**?**	
6)	**32**	**16**	**48**	**24**	**72**	**36**	**?**	
7)	**9**	**6**	**18**	**21**	**18**	**54**	**57**	**?**

Diese Übung ähnelt eher einer Rechenaufgabe, verlangt jedoch große Aufmerksamkeit und fordert dazu auf, über das Gewohnte hinaus zu denken.

Übung 26: Die Wasserkrug-Aufgaben von Luchins

Bitte schreiben Sie auf, wie man bei den folgenden Aufgaben die jeweils geforderte Wassermenge erhalten kann, wenn zum Abmessen bestimmte leere Messgefäße zur Verfügung stehen.

Tragen Sie die Lösungsformeln in die letzte Spalte der Tabelle ein. Für die Beispielaufgaben 1 und 2 sind die Lösungen bereits aufgeführt.

Aufgabe Nr.	Gegeben sind die folgenden leeren Wasserkrüge zum Abmessen (in Liter)			Gefordert sind die folgenden Wassermengen	Lösungsweg
	A	B	C		
1	90	12	7	59	A - 2B - C
2	20	3	50	7	C - 2A - B
3	14	163	25	99	
4	18	43	10	5	
5	20	59	4	31	
6	13	83	28	14	
7	23	49	3	20	
8	15	39	3	18	
9	28	76	3	25	
10	14	36	8	6	
11	18	48	4	22	

Übungen zum logischen Denken in inhaltlichen Zusammenhängen

Übung 27: Apfelernte
Drei Schwestern ernten ihre Apfelbäume gemeinsam ab und füllen die bereitstehenden Körbe mit dem Ziel, am Ende zu teilen. Nach getaner Arbeit sind sieben Körbe ganz voll, sieben Körbe halb voll und neunzehn Körbe leer. Was tun sie, um gerecht zu teilen? (Auch alle Körbe!) Überlegen Sie das Ziel der Aufgabe, prüfen Sie dann die Möglichkeiten, mit den gefüllten und leeren Körben umzugehen, und rechnen Sie erst zum Schluss.

Übung 28: Die lange Nacht
Die müde Freundin erzählt von ihrer langen Hausparty. Um ein Uhr morgens erst ging die Hälfte der Gäste und dann stündlich jeweils wiederum die Hälfte der noch Anwesenden. Um sechs Uhr endlich ging der letzte Besucher. Wie viele waren zu Gast? Überlegen Sie, was Sie sicher wissen, und überlegen Sie dann, von welcher Zeit an Sie in welcher Weise beginnen können zu rechnen.

Übung 29: Größenverhältnisse
Hans ist größer als Klaus, Klaus ist größer als Kurt. Wer ist der Größte?

Übung 30: Flasche öffnen
Warum kann ein kräftiger Mann, dessen Händen gut trainiert sind, die sonst für ihn leichte Aufgabe, eine Flasche Sekt zu öffnen, eines Abends nur unter großem Krafteinsatz und nach ca. zehn Minuten lösen?
Versuchen Sie auch hier die Prämissen zu finden (wie sind Sektflaschen verschlossen, wie können wir sie öffnen) und Folgerungen zu ziehen.

Sprachlogische Rätsel sind häufig nach einem bestimmten Prinzip aufgebaut. Mit einer einzigen Frage muss eine Person die Antwort erhalten, die ihr die richtige Entscheidung ermöglicht. Die Frage soll so gestellt werden, dass nur mit Ja oder Nein geantwortet werden kann.

Übung 31: Wer ist wer?
Von einem Zwillingspaar ist bekannt, dass der eine immer lügt, der andere stets die Wahrheit sagt. Fabian lügt immer, Florian spricht stets die Wahrheit. Äußerlich lassen sich die beiden nicht unterscheiden. Wie müssen Sie eine einzige Frage stellen, um herauszufinden, wer wer ist?

Denkend das Denken üben

Übungen zum logischen Denken dienen in erster Linie dazu, das Denken anzuregen, die Flexibilität zu fördern und zu stärken. Sie verlangen konsequentes Denken auf der Grundlage bestimmter Vorinformationen. Das Gehirn bevorzugt bei allen Übungen zunächst bekannte Lösungswege, erst wenn diese nicht zum Ziel führen und wenn das „Weiterdenken" trainiert ist, kommen wir zu befriedigenden neuen Ergebnissen. Anhand der Übungen 23 bis 26 können Sie das ausprobieren.

Bei den Übungen 27 bis 31 ist das schlussfolgernde Denken in inhaltlichen Zusammenhängen gefordert. Anders als beim Ergänzen der Reihen oder bei logischen berechenbaren Aufgaben werden wir durch alltägliche Inhalte eher abgelenkt. Derartige Anforderungen stellen sich uns auch im Alltag. Die Übungen dienen dazu, Aufgabenstellungen zu erkennen, Informationen herauszufiltern und Lösungen daraus abzuleiten.

Zusammenfassung

Die Denkaufgaben sind oft ungewohnt und nicht einfach zu lösen. Sie sind jedoch hervorragend geeignet, das Gedächtnis zu trainieren und flexibel zu halten. So zeigen einige Aufgaben, dass das Gehirn dazu neigt, einen einmal gefundenen Lösungsweg weiter zu beschreiten, auch dann, wenn sich inzwischen herausgestellt hat, dass es eine einfachere Lösung gibt.

K

Die Denkaufgaben werden in den Gruppen unterschiedlich aufgenommen. Viele Teilnehmende bevorzugen die formallogischen Aufgaben, wie z. B. die Aufgaben 23 bis 25. Alle Aufgaben müssen sehr gut erklärt und begründet werden. Wir empfehlen, die Lösungen in kleinen Gruppen zu erarbeiten und Hilfsmittel zu benutzen, z. B. sich die Voraussetzungen aufzuschreiben, Tabellen anzulegen oder eine Zeichnung anzufertigen. Die Aufgaben sollten nicht unter Zeitdruck gelöst werden. Sie werden auch gern zu Hause bearbeitet.

Im Alter wird es schwieriger, neuartige Probleme zu lösen, während die Fähigkeit, vertraute kognitive Probleme zu bewältigen, erhalten bleibt (vgl. Kap. 3.2.2). Selbst wenn den Älteren diese Übungen zum Teil schwerer fallen als den Jüngeren, profitiert jede Altersgruppe von diesem Training.

5.4.2 Es gibt Spielraum – räumliche Vorstellung

Die Bewältigung des Alltags wird durch visuelles Denken erleichtert. Hier geht es um die Fähigkeit, sich vorzustellen, wie Dinge aussehen können, wenn sie verändert worden sind. In einer anderen Umgebung, anders gefärbt, in neuer Position oder aus einem anderen Blickwinkel sehen wir Dinge (und Menschen) anders und ziehen andere Schlüsse. Beispiele dafür kennen wir alle. Ein Weg, den wir häufig tagsüber gehen, verändert sich bei Dunkelheit gelegentlich so stark, dass wir uns verlaufen oder zumindest unsicher werden. Baustellen in der Stadt oder abgerissene Gebäude stören die räumliche Orientierung. Der Zahnarzt, den wir aus seiner Praxis kennen, wird im Anzug im Konzert eventuell nicht oder erst nach längerem Nachdenken erkannt (wir versuchen die Situation herauszufinden, in der wir ihm normalerweise begegnen, vgl. Kap. 5.3). Auf die Fähigkeit, uns räumliche Vorstellungen zu machen, auch um uns zu orientieren, sind wir angewiesen. Beim Kauf eines Teppichs etwa ist die Vorstellung, wie er im eigenen Wohnzimmer wirken könnte, entscheidend. Eine zerbrochene Porzellanfigur müssen wir uns als ganze vorstellen können, wollen wir sie wieder zusammenkleben.

Zusammenfassung
Auch das räumliche Vorstellungsvermögen kann in einem gewissen Umfang verbessert werden. Die Übungen 32 bis 37 können dabei helfen, müssen jedoch über einen längeren Zeitraum, wie z. B. das Tangram-Spiel, trainiert werden. Den Orientierungsaufgaben im Freien kommt eine besondere Bedeutung zu.

K

Im Kurs rufen die Übungen zum räumlichen Vorstellungsvermögen unterschiedliche Reaktionen hervor. Werden die Würfelübungen als schwierig angesehen, so werden Wegebeschreibungen zwar nicht als einfach, aber als recht alltagstauglich betrachtet. Die Tangram-Übungen werden gern ausprobiert (am besten in kleinen Gruppen), müssen jedoch, wie oben erwähnt, als Training regelmäßig wiederholt werden, um einen gewissen Erfolg zu erreichen. Auch als Trainingsprogramm zu Hause sind sie sehr gut geeignet. Wird den Teilnehmenden die Bedeutung des räumlichen Vorstellungsvermögens für den Alltag erst einmal bewusst, kann jede neue Strecke, jeder Spaziergang in fremder Umgebung ein Training bedeuten. Eine große Rolle spielt dabei die Wahrnehmung (vgl. Kap. 5.1.2).

Übungen zum räumlichen Denken

Übung 32:
Eine beliebte und bekannte Übung ist das Tangram. Aus sieben Teilstücken sind Figuren zusammenzubauen. Dabei müssen immer alle Stücke verwendet werden, es dürfen keine Stücke übereinander gelegt werden. Das Tangram besteht aus fünf Dreiecken, einem Quadrat und einer Raute (s. Abb. links). Die Teilstücke lassen sich aus fester Pappe leicht anfertigen. Nun bilden Sie aus den 7 Teilstücken ein Dreieck und ein T.

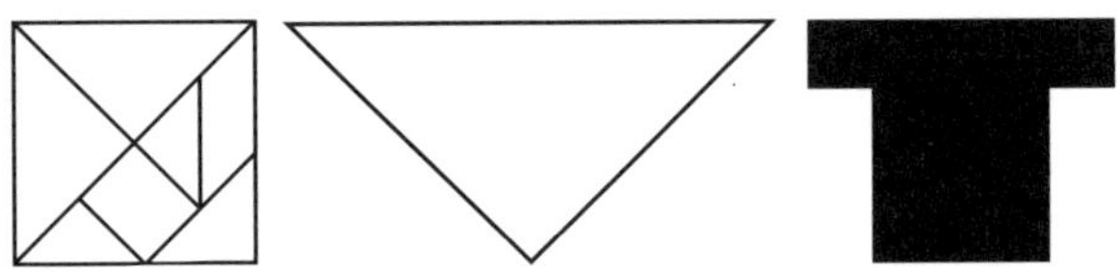

Übung 33: Punkte verbinden
Neun Punkte sind mit einem geraden Strich zu verbinden, der nicht abgesetzt und nicht doppelt geführt werden darf.

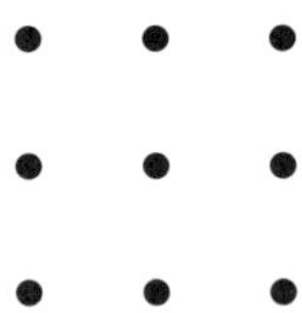

Bei dieser Übung sind Papier und Bleistift nötig, zunächst aber sollten Sie versuchen, sich von gewohnten Mustern zu lösen. Es gibt mehrere Lösungen.

Übung 34: Puzzle
Eine Postkarte mit beliebigem Motiv (leichter sind abgebildete Gebäude oder Gegenstände, schwerer sind Landschaften) wird in ungleichmäßige Stücke zerschnitten. Die Teile werden gemischt und dann wieder zur Postkarte zusammengesetzt. Hier wird die räumliche Vorstellung geschult, Erinnerungen und Informationen aus den gegebenen Einzelteilen ergänzen einander zum richtigen Ganzen.

Übung 35: Würfelspiel

Der gleiche Würfel ist in vier verschiedenen Stellungen abgebildet. Die folgenden Darstellungen A bis J zeigen ebenfalls diesen Würfel. Die Rückseite ist hochgeklappt. Wie sieht sie aus? Wählen Sie aus den neun aufgezeigten Möglichkeiten die richtige aus und schreiben Sie die betreffende Ziffer neben den Buchstaben (aus: Ott 1987, S. 80).

1 2 3 4 5 6 7 8 9

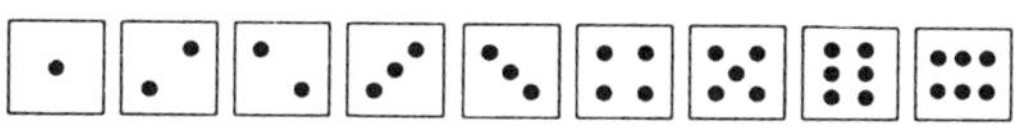

A … B … C … D … E …

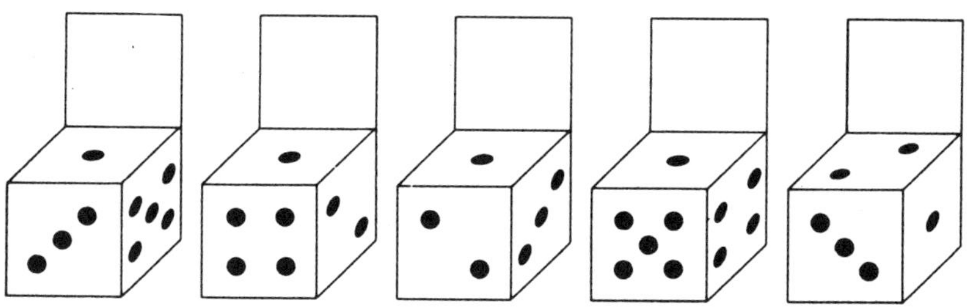

F … G … H … I … J …

Übung 36: Vom Bahnhofsplatz zum Parkhaus
Hilfreich ist, sich nicht schematisch die folgende Wegebeschreibung einzuprägen, sondern sich „in den Raum selbst" zu begeben und sich alle markanten Punkte bildhaft vorzustellen.
Sie starten am Bahnhofsplatz, fahren rechts in die Bahnhofstraße bis zum Münsterplatz, überqueren ihn und biegen links in die Große Bleiche ein. Dort fahren Sie am Theater vorbei, das rechterhand liegt, und biegen gleich dahinter rechts in die Klarastraße ein. Links sehen Sie eine Tankstelle, dahinter biegen Sie links in die Margarethenstraße ein, die Sie direkt zum Parkhaus führt.
Bitte gehen Sie im Geist die Wegebeschreibung nochmals durch, vergleichen Sie sie mit dem Text und wiederholen Sie nochmals. Dann decken Sie die Übung ab und zeichnen eine Skizze aus der Erinnerung.

Übung 37:
Ein gutes Training ist auch, seinen eigenen Standpunkt zu bestimmen (In welche Himmelsrichtung müssten Sie gehen, um von Ihrer Wohnung den nächstgelegenen Bahnhof zu erreichen?), unbekannte Straßen zu nutzen, um wieder die Hauptstraße oder einen zentralen Platz zu erreichen u.ä.

5.4.3 Alles zu seiner Zeit – zeitliche Dimensionen

Zeit haben, Zeit nehmen, Zeit brauchen, Zeit überwinden, Zeit stehlen, Zeit gewinnen: Die gängigen Schlagworte unseres Alltags weisen auf die ständige Präsenz der zeitlichen Dimensionen in unserem Denken. Aber auch Gegenwart, Vergangenheit und Zukunft sind Zeitbegriffe, die im Denken ständig eine Rolle spielen. Das Gehirn braucht Zeit zum Einprägen, zum Speichern, zum Erinnern und auch zum Vergessen (vgl. Kap. 5.1 bis 5.3). Die Geschwindigkeit der Informationsverarbeitung ist individuell unterschiedlich und verlangsamt sich im Alter. Deshalb ist ein Tempotraining nützlich (vgl. hierzu die Übungen Nr. 38 bis 40).

In der Regel müssen Aufgaben innerhalb einer bestimmten Zeit erledigt werden, das beginnt schon morgens, wenn vom Weckerklingeln bis zum Verlassen der Wohnung nur begrenzt Zeit zur Verfügung steht. Je besser die Abläufe organisiert sind und je gleichmäßiger sie wiederholt werden können, desto leichter bleiben wir in der Zeit (vgl. auch Kap. 6.1).

Übungen zum Tempotraining

Übungen zum Tempotraining sind am besten mit einem Partner oder in der Gruppe durchzuführen. Die Aufgaben sollen in vorgegebener Zeit gelöst und Fragen sollen so schnell wie möglich beantwortet werden.

Übung 38: Ordnung ist das halbe Leben
Sie sehen verschiedene Symbole, schreiben Sie auf, wie viele der unterschiedlichen Symbole abgebildet sind und zählen Sie die schwarzen doppelt. Überlegen Sie vorher, wie Sie vorgehen wollen, um in zwei Minuten fertig zu sein.

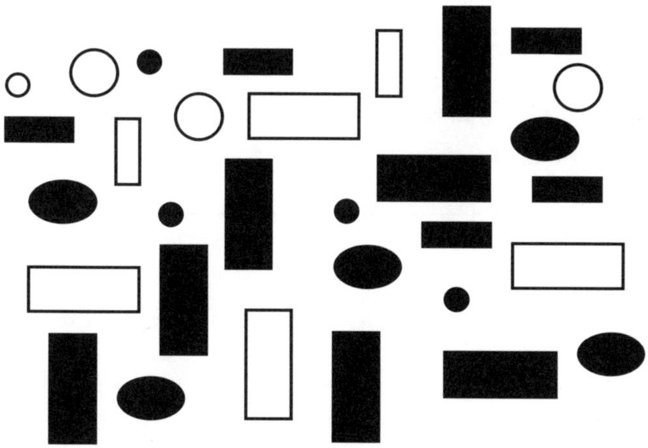

Übung 39: Die tägliche Routine
Schreiben Sie in zwei Minuten auf, was Sie gestern zwischen sieben und zehn Uhr morgens gemacht haben. Versuchen Sie in Fünfzehn-Minuten-Schritten vorzugehen. Geschwindigkeit, Genauigkeit und konzentriertes Erinnerungsvermögen werden trainiert. Es geht um eine besondere Zeit (gestern), das muss beachtet werden. Oft meinen Teilnehmende, ihr Alltag sei stets gleichförmig. Mit dieser Übung werden Besonderheiten in der Zeit oft wieder wahrgenommen.

Übung 40: Wie heißt es richtig?
Sprichwörter und Werbesprüche werden verdreht, falsch oder unvollständig vorgelesen, auf die schnellste richtige Antwort folgt sofort die nächste Vorgabe. Damit steigert sich das Tempo der Übung und ist auch für die Kursleitung eine besondere Herausforderung an Konzentration und Urteilsfähigkeit.

Verzopfte Sprichwörter:

Ein Zopf wäscht den anderen.

Ein Zopf kommt selten allein.

Übung macht den Zopf.

Man soll den Tag nicht vor den Zöpfen loben.

Zöpfe, die tun was.

Hauptsache, verzopft versichert.

Jeder ist seines Zopfes Schmied.

Aller guten Zöpfe sind drei.

Müßiggang ist aller Zöpfe Anfang.

Zöpfe haben kurze Beine.

Zusammenfassung
Übungen zum Training der Informationsverarbeitungsgeschwindigkeit haben nur Erfolg, wenn sie über einen längeren Zeitraum durchgeführt werden. Viele Übungen, auch z. B. Konzentrationsübungen (wie die Übungen 5 und 6 in Kap. 5.1.3), können als Tempotraining dienen.

K

Im Kurs müssen die Übungen zum Tempotraining gut begründet werden. Sie können nur auf Wunsch der Gruppe durchgeführt werden. Vor allem bei den älteren Teilnehmenden darf kein Konkurrenzdruck entstehen, denn sie können mit jungen Teilnehmenden nicht mithalten.

5.4.4 Phantasie und Kreativität

Das Wort Kreativität ist ein Modewort geworden, und es gibt eine Fülle von Definitionen. Deshalb ist eine allgemeingültige Erläuterung des Begriffs schwierig. Das dtv-Lexikon bezeichnet Kreativität als „schöpferischen Einfall, im Unterschied zu rein analytischem Denken besonders durch das Finden neuer Problemlösungen gekennzeichnet" (1997, Band 10, S. 136). Denken wir selbst darüber nach, fallen uns Begriffe ein wie spontan, einfallsreich, originell sein, künstlerisch arbeiten. Die Persönlichkeit und ihre Umwelt spielen eine große Rolle. Kreative Personen sind eher impulsiv, gefühlsbetont, offen für neue Erfahrungen, neugierig, haben viel Energie, Spaß am Erfolg, sind hoch motiviert. Das Umfeld ist wichtig: eine entsprechende Atmosphäre, Möglichkeit zum Austausch mit anderen, die Akzeptanz von Fehlern, offene Kommunikation und motivierende Führung.

Die Entfaltung unserer Kreativität hängt ab von unserer Motivation und von unserem Erfahrungswissen. Wir müssen, um eine kreative Lösung für ein Problem zu finden, die wichtigen Sachverhalte kennen, sie untereinander vergleichen können. Je mehr Wissen wir haben, umso mehr Möglichkeiten der Assoziation, der Ideenbildung sind vorhanden. Unsere Erziehung, Routine, Erfahrungen können uns jedoch auch im Wege stehen. Es ist oft schwer, gewohnte Denkmuster zu überwinden.

Wenn wir im Zusammenhang mit dem Gedächtnis von Kreativität sprechen, so denken wir vor allem an das bildhafte Einprägen, das Phantasie und Vorstellungsvermögen voraussetzt, und an das Herstellen von neuen Verbindungen und Verknüpfungen, z. B. bei der Bildung von Analogien und Kategorien, die Flexibilität und Ideenreichtum benötigen. Auch die im Kapitel 5.4.1 besprochenen Übungen zum logischen Denken, die oft erfordern, einen bekannten Lösungsweg zu verlassen und nach ganz anderen Kriterien Ausschau zu halten, benötigen kreatives Denken.

Das phantasievolle Denken in Bildern beherrschen Kinder sehr gut. Später gewinnen Schriftsprache und Mathematik als abstrakte Systeme die Oberhand. Wenn wir an die verschiedenen Funktionen der linken und rechten Hirnhälfte denken, so gibt es viele Kritiker, die mehr Training für die rechte Hemisphäre verlangen, um Phantasie und Kreativität zu fördern (vgl. die Übungen 41 bis 45).

Übungen zur Förderung von Phantasie und Kreativität

Übung 41: Frei Assoziieren

Zu einem bestimmten Begriff, der vorgegeben oder der zufällig aus einem Lexikon oder einer Zeitung ausgewählt wird, sollte möglichst frei assoziiert werden (Themen könnten zum Beispiel Wasser, Feuer, Afrika, Zeit, Bürgermeister sein.) Probieren Sie es nun mit dem Thema Wasser aus und assoziieren Sie ca. 20 Begriffe.

Übung 42: Situationsbeschreibung

Den Teilnehmenden wird eine Situation beschrieben, zu der mehrere Erklärungen gefunden werden sollten. Zum Beispiel: Ein junger Mann sitzt vormittags in einem Café und trinkt lächelnd eine heiße Schokolade. Finden Sie nun mindestens fünf Erklärungen für diese Situation.

Übung 43:

Nennen Sie möglichst viele Verwendungsmöglichkeiten für einen Stein.

Übung 44:

Was sehen Sie in dieser Figur? Nicht nur den Hut eines Mexikaners von oben, eine Steckdose, einen Teller mit Tasse von oben, sondern auch ...?
Viele andere geometrische Figuren eignen sich für diese Aufgabe.

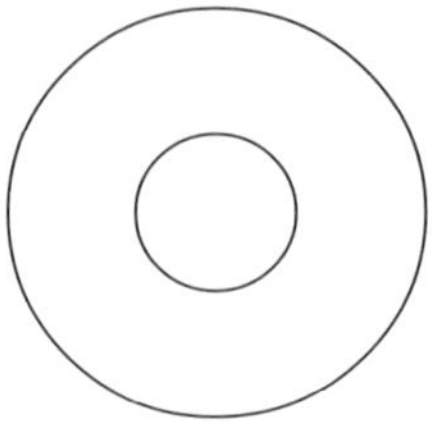

Übung 45: Spiegelbildlich zeichnen
Diese Übung trainiert beide Hirnhälften. (Sie erinnern sich, die linke Hirnhälfte steuert die rechte Körperseite und umgekehrt) Bitte zeichnen Sie die erste Linie spiegelbildlich mit der rechten Hand nach, die zweite Linie dann mit der linken Hand. Der Anfang ist jeweils bereits gemacht.

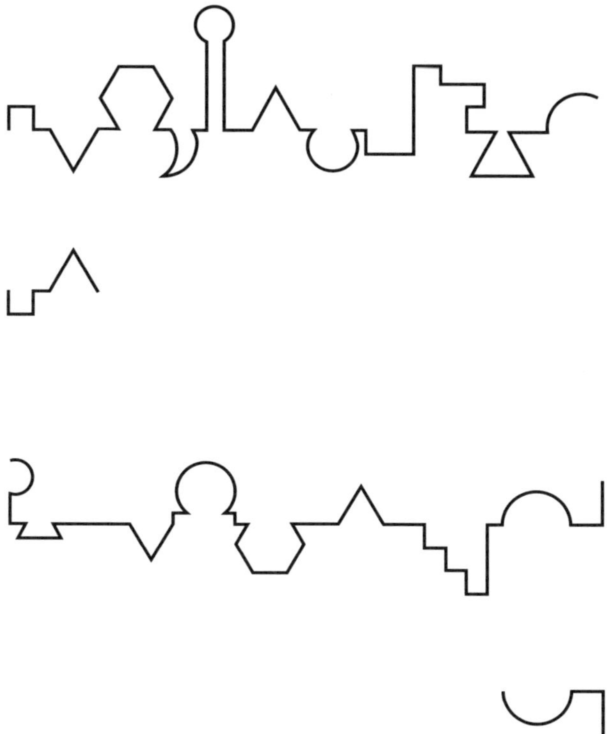

Viele Übungen stellen eine Herausforderung für das Gehirn dar, weil sie ungewohnt sind. Zum Schluss noch eine entsprechende Aufgabe:

Übung 46:
Bitte sortieren Sie im Kopf die Monatsnamen nach ihrer alphabetischen Reihenfolge, und das solange, bis es „sitzt". Es können auch die Namen der Teilnehmerinnen und Teilnehmer o.ä. sein.

Zusammenfassung
Kreatives Tun wird meistens nur handwerklichen und künstlerischen Tätigkeiten zugeschrieben. Aber oft werden im Alltag kreative Lösungen für neuartige Probleme benötigt. Deshalb sind Aufgaben, die viele, neue Ideen erfordern und ungewohnt sind, eine gute Schulung für Phantasie, Kreativität und Flexibilität.
Denkanstrengungen, die andere Denkmuster als die im Alltag üblichen verlangen, halten unser Gehirn flexibel. Bereits ein rückwärts geschriebenes Gedicht oder ein ohne Zwischenräume geschriebener Text kann herausfordernd wirken.

K Die vorgestellten Übungen lassen sich in jede Kursstunde als Abwechslung einfügen und eignen sich gut zur Gruppenarbeit.

5.5 Das Wichtigste in Kürze

Interesse – Motivation – Aufmerksamkeit – Wahrnehmung – Konzentration – wenn diese Kette unterbrochen wird, wird das Speichern neuer Informationen sehr erschwert. Nur was im Augenblick wichtig oder besonders beeindruckend ist, wird ins Arbeitsgedächtnis aufgenommen und mit ähnlichen Inhalten im Langzeitgedächtnis verglichen. Jedes ankommende Signal wird außerdem im Gehirn interpretiert, um Reaktionen vorzubereiten bzw. Handlungen anzustoßen. Sind wir emotional berührt, wird die Information besonders gut behalten. Die Informationen oder der Lernstoff müssen gut organisiert werden, damit sinnvoll eingespeichert und später gut erinnert werden kann. Wiederholungen über einen längeren Zeitraum und in immer größer werdenden Abständen unterstützen das Speichern, reichen aber allein nicht aus, um Wissen gut zu verankern.

Wir müssen mit den Informationen aktiv umgehen, sie bewusst mit bereits erlerntem Wissen verknüpfen, sie in Bilder umsetzen, sie strukturieren, mit ähnlichem Wissen vergleichen, sie mit Hilfe einer Mnemotechnik verankern. Eine subjektive Bearbeitung ist zusätzlich nützlich: die Informationen bewerten, sich mit ihnen auseinandersetzen, Kritik üben. Nicht jede Behaltensstrategie ist für alle gleich hilfreich. Es gibt auch keine bestimmte Methode für einen bestimmten Lernstoff, oft sind Kombinationen sinnvoll. Es gilt, auszuprobieren, welche Strategien am wirkungsvollsten sind.

Der Behaltensprozess ist sehr störanfällig, andere Ereignisse können sich in den Vordergrund schieben. Offensichtlich ist die Gedächtnisspur erst nach einer längeren Zeit konsolidiert und fest im Langzeitgedächtnis verankert. Der Abruf aus dem Gedächtnis hängt entscheidend von der Art und Qualität der verfügbaren Abrufhilfen ab. Um unser Gehirn flexibel zu halten und um „eingefahrene Wege" zu Gunsten neuer Möglichkeiten der Problemlösung verlassen zu können, sollten wir es immer wieder mit Unbekanntem und Ungeübtem konfrontieren. Kreativitätsübungen und Denkaufgaben helfen dabei. Auch das räumliche Vorstellungsvermögen kann durch Training verbessert werden.

Wenn wir die Veränderungen der Arbeitsweise des Gehirns im Laufe der Lebenszeit betrachten, so können die geistigen Fähigkeiten bis ins hohe Alter erhalten, trainiert und gesteigert werden. Die Grenzen liegen bei Leistungen, die Schnelligkeit erfordern. Da die Sinnesorgane nachlassen, die Konzentration störanfälliger wird und Schwierigkeiten beim kurzzeitigen Behalten auftreten, ist dies im Umgang mit älteren Kursteilnehmenden zu berücksichtigen. Die individuellen Unterschiede sind groß. Erfahrungen mit Lernen, das soziale Umfeld, der Gesundheitszustand spielen eine Rolle.

Literatur

dtv-Lexikon (1997): Band 10. Mannheim/München, S. 91/136

Ernst, H. (1998): Was will ich wirklich wissen? In: Psychologie heute, H. 7, S. 20–26

Goschke, T. (1996): Lernen und Gedächtnis: Mentale Prozesse und Gehirnstrukturen. In: Roth, G./Prinz, W. (Hrsg.): Kopf-Arbeit. Heidelberg, S. 359–410

Höfler, H. (1994): Atemtherapie und Atemgymnastik. Stuttgart

Huber, A. (1993): Konzentration: Sind Sie noch bei der Sache? In: Psychologie heute, H 11, S. 20–29

Klampfl-Lehmann, I. (1987): Der Schlüssel zum besseren Gedächtnis. München

Kruse, A./Lehr, U. (1996): Reife Leistung. Psychologische Aspekte des Alterns. In: Funkkolleg Altern. Tübingen, S. 5/1–47

Kupfermann, I., Kandel, E. (1996): Lernen und Gedächtnis. In: Kandel, E., Schwartz, J., Jessell, T. (Hrsg.): Neurowissenschaften. Eine Einführung. Heidelberg, S. 668–684

Lapp, D. C. (1998): Nichts mehr vergessen! Reinbek

Lehrl, S./Koch, G./Fischer, B. u. a. (1984): Gehirn-Jogging. Wehrheim

Lehrl, S., Weickmann, E. (1997): Übung macht den Gedächtnismeister. Ebersberg

Leitner, S. (1985): So lernt man lernen. Freiburg

Menzel, R./Roth, G. (1996): Verhaltensbiologische und neuronale Grundlagen des Lernens und des Gedächtnisses. In: Roth, G./Prinz, W. (Hrsg.): Kopf-Arbeit. Heidelberg, S. 239–277

Metzig, W./Schuster, M. (1998): Lernen zu lernen. Berlin

Michelmann, R./Michelmann, W. U. (1995): Effizient lesen. Wiesbaden

Minninger, J. (2004): Gutes Gedächtnis – das Erfolgsgeheimnis. Baden-Baden

Oswald, W. D./Rödel, G. (1995): Das SIMA-Projekt. Gedächtnistraining – Ein Programm für Seniorengruppen. Göttingen

Ott, E. (1987): Das Konzentrationsprogramm. Reinbek

Scholl, L. (1987): Das Augenübungsbuch. Reinbek

Schwank, E./Seidel, E./Tormin, D. (1986): Lern- und Gedächtnistraining im Alter. Frankfurt a. M.

Stenger, Ch. (2004): Warum fällt das Schaf vom Baum? Frankfurt a. M.

Wujec, T. (1991): Schneller schalten als andere. Genf

Zielke, W. (1994): Konzentration – keine Kunst. Reinbek

6. Gedächtnis und Alltag

In diesem Kapitel werden Gedächtnishilfen im Alltag vorgestellt und es wird auf die Bedeutung von Bewegung und Ernährung für das Gehirn hingewiesen. Auch das Umfeld und die Strukturierung des Tages haben Einfluss auf unser Gedächtnis. Die Beeinträchtigung des Gedächtnisses durch Krankheiten ist ein weiteres Thema dieses Kapitels.

6.1 Der Faktor Zeit – Sicherheit durch Planung

Auch unser Gedächtnis profitiert von einer guten Zeitplanung. Was wir unter Druck und in Eile einprägen wollen, gelingt oft nicht zu unserer Zufriedenheit. Deshalb ist es sinnvoll, dem Tagesablauf eine bestimmte Struktur zu geben, Leistungshochs zu berücksichtigen und Pausen einzuplanen.

Tipps für den bewussten Umgang mit der Zeit

- **Prioritäten setzen**
Tun Sie das Wichtigste zuerst und bringen Sie es zu Ende. Voraussetzung dafür ist, eine Rangordnung für die Aufgaben festzulegen (Priorität A – sehr wichtig, heute tun, selbst erledigen, Priorität B – wichtig, einen Termin für die Erledigung bestimmen, delegieren, Priorität C – weniger wichtig, eventuell „entrümpeln").

- **Pufferzeiten einplanen**
Verplanen Sie nur 50 Prozent der zur Verfügung stehenden Zeit, da Unvorhergesehenes und spontane Aktivitäten dazwischenkommen können.

- **Auswählen**
Das Übermaß an täglichen Informationen durch die Medien führt dazu, Informationen nur noch unzureichend zu verarbeiten. Sortieren Sie alle Informationen aus, die nichts wirklich Neues oder Wichtiges enthalten.

- **Zeit begrenzen**
Arbeit neigt dazu, die für sie verfügbare Zeit auszufüllen, deshalb legen Sie den Zeitbedarf für eine bestimmte Aufgabe fest.

- **Schnelle Erledigung**
Erledigen Sie sofort, was innerhalb von 5 Minuten erledigt werden kann.

- **Aufwärmen – Anspannen – Entspannen**
Wärmen Sie mit einer einfachen Übung den Kopf auf – analog zur Aufwärmrunde in der Turnhalle – oder beginnen Sie mit einer einfachen Arbeit, arbeiten Sie $1\,^1/_2$ Stunden konzentriert und legen dann eine Entspannungspause ein.

- **Den Tagesablauf schriftlich planen**
Übertragen Sie Ihre Aufgabenliste in einen Tages- oder Wochenplan, denken Sie an die Festlegung von Prioritäten, bestimmen Sie den Zeitaufwand für jede Aufgabe und berücksichtigen Sie Pufferzeiten und Pausen. Zerlegen Sie schwierige Aufgaben in kleine Schritte und nehmen Sie diese in die Zeitplanung mit auf. Überdenken Sie einen neuen Tag in Ruhe am Vorabend.

- **Den Arbeitsplatz organisieren**
Halten Sie alle Arbeitsutensilien griffbereit an Ihrem Arbeitsplatz bereit, sorgen Sie für eine gute Allgemeinbeleuchtung (zu wenig Licht ermüdet die Augen). Besonders bei Lernvorhaben ist es empfehlenswert, die Gewohnheit anzunehmen, sich zu einer bestimmten Zeit an den Schreibtisch zu setzen. Es fällt dem Gehirn dann leichter, eine „Arbeitshaltung“ einzunehmen.

- **Eine „stille Stunde“ einplanen, sich belohnen**
Planen Sie möglichst täglich einen Termin mit sich selbst, um Zeit zum Nachdenken zu haben. Nehmen Sie sich etwas vor, was Ihnen Freude macht bzw. was Sie für Ihre Anstrengungen belohnt.

6.2 Gedächtnishilfen im Alltag

In den vorherigen Kapiteln wurde dargestellt, dass wir Gedächtnisprozesse aktiv beeinflussen können, wenn wir aufmerksamer, konzentrierter und bewusster mit den Informationen umgehen. Auf der anderen Seite wollen wir die externen Gedächtnishilfen, wie Kalender, Merkzettel und Wecker, nicht vergessen, weil sie unser Gedächtnis im Alltag wirksam entlasten können. Klebezettel am Kühlschrank, Gegenstände an ungewohnten Plätzen helfen beim Erinnern. Hilfreich ist es auch, Handlungen gedanklich abzuschließen oder sich eine kleine Notiz zu machen, wenn der Gedankenfluss von außen unterbrochen wird. Auch das Anlegen von Checklisten für öfter wiederkehrende Tätigkeiten wie Reisevorbereitungen, das jährliche Familientreffen usw. sind eine Entlastung des Gedächtnisses. Sie sind auch im Berufsleben sehr nützlich, z. B. bei Verkaufsverhandlungen oder bei der Vorbereitung von Konferenzen. Wichtig ist eine gute Nachbereitung, um aufgetretene Probleme in die zukünftige Planung mit einzubeziehen.

Gegen das leidige Problem des Verlegens von Schlüssel, Portemonnaie oder Brille hilft, diese wichtigen Gegenstände immer an die selbe Stelle zu legen. Hier unterstützt uns das prozedurale Gedächtnis, das motorische Fertigkeiten und das Erlernen von Regeln speichert (vgl. Kap. 2.3.2). Wenn wir eine Handlung automatisieren, z. B. den Schlüssel automatisch immer an die gleiche Stelle legen wollen, müssen wir diesen Vorgang zuerst ganz bewusst durchführen, dies geschieht, indem wir die Handlung durch einen laut ausgesprochenen Satz verstärken. Dies muss einige Wochen eingeübt werden. Ein Nachteil automatisierter Handlungen ist, dass wir uns in einer Stresssituation nicht mehr erinnern können, ob z. B. der Herd ausgeschaltet wurde. Hier hilft, den Vorgang durch eine laute Bemerkung oder durch ein verrücktes Bild wieder ins Bewusstsein zu holen.

6.3 Bewegung und Ernährung

6.3.1 Durch Bewegung fit im Kopf?

Wenn wir uns körperlich betätigen, werden nicht nur die Muskeln stärker durchblutet, sondern auch bestimmte Regionen des Gehirns. Bei einem Test im Max-Planck-Institut für neurologische Forschung in Köln wurden Sportler auf einem Fahrradergometer getestet (vgl. Wilhelm 1994). Je stärker und schneller sie in die Pedale traten, um so stärker durchblutet war das Gehirn. Bei körperlicher Betätigung werden offensichtlich mehr Botenstoffe ausgeschüttet und möglicherweise auch mehr Nervenwachstumsfaktoren gebildet.

Bei Affen verhindern über längere Zeit ausgeführte Koordinationsübungen den altersbedingten Schwund von Dendriten, den Empfangsantennen der Neuronen. Nach längerem Training vergrößerten sich bei den Tieren sogar die durch die Bewegung beanspruchten Hirnregionen. Bei Untersuchungen von älteren Ratten, die mehrere Nächte hindurch ein Laufrad bewegten, fand sich der höchste Zuwachs an Blutgefäßen im motorischen Cortex. Möglicherweise lässt sich diese Beobachtung auch auf den Menschen übertragen. Ein entsprechender Zuwachs an Blutgefäßen sei schon nach einem Monat sportlicher Aktivität zu erwarten (vgl. „Gehirn auf Trab" 1999, S. 9).

Das Gehirn braucht besonders viel Sauerstoff und Glukose, die ständig durch den Blutkreislauf herangeführt werden. Deshalb ist die geistige Leistungsfähigkeit insbesondere von der Funktionstüchtigkeit des Herz-Kreislauf-Systems abhängig. Ein täglicher Gang ins Fitnesszentrum, ein hartes Tennistraining, also große körperliche Anstrengung ist nicht nötig, um optimalen Nutzen für die Gesundheit zu erreichen. Eine finnische Studie an 3.775 Männern ergab, dass ein wöchentlicher Verbrauch von 2.000 Kalorien durch körperliche Aktivität in der Freizeit genau soviel Schutz vor Herzkrankheiten bietet wie Aktivitäten, die weit darüber hinausgehen (vgl. Baumann/Leye 1995, S. 16). Schwimmen, Radfahren, Wandern oder Walking dreimal pro Woche für die Dauer von 20 bis 45 Minuten wird empfohlen. Auch der tägliche Spaziergang von einer Stunde unterstützt die geistige Fitness. Vergessen werden darf auch nicht der therapeutische Wert der Bewegung: Sie führt zum Abbau von Stress und zu mehr Ausgeglichenheit.

Dass bei körperlicher Bewegung das Kurzzeitgedächtnis leistungsfähiger wird, haben Untersuchungen in der Fachklinik Klausenbach (Schwarzwald) und in der sportmedizinischen Abteilung der Universität Erlangen gezeigt (vgl. Lehrl/Fischer 1994, S. 180). Die Untersuchungspersonen saßen auf einem Fahrradergometer und bedienten vom Lenker aus einen Computer. Für die Informationsverarbeitungsgeschwindigkeit und Gegenwartsdauer ergaben sich von der Ruhe zur Bewegung bedeutende Anstiege. Lehrl/Fischer schließen daraus, dass Schüler zur ständigen dosierten Bewegung angeregt werden sollten. Diese Untersuchungen zeigten, dass man vor allem während und nicht nach der Bewegung geistig leistungsfähiger ist als in Ruhe. Die Basis-Lerngeschwindigkeit wurde durch Bewegung allerdings nicht gesteigert.

Auch für Ältere ist ausreichende Bewegung notwendig. Wissenschaftler zeigten auf, dass ältere Menschen, die regelmäßig Gymnastik treiben, bei kognitiven Tests besser abschnitten als unsportliche Gleichaltrige mit überwiegend sitzender Lebensweise (vgl. Selkoe 1994, S. 8). Baumann/Leye (1995, S. 7) weisen darauf hin, dass Bewegung generell als Entwicklungsstimulanz gilt, das Wahrnehmungs- und Bewegungsverhalten und damit zusammenhängend Planen und Denken fördert. Sie haben innerhalb des Projektes SIMA, das wir im Kapitel 7 vorstellen, das Programm „Psychomotorisches Training für Seniorengruppen" entwickelt. Wir empfehlen, auch innerhalb von Kursstunden leichte Bewegungsübungen einzuplanen, und verweisen – um den Umfang dieses Buches nicht auszuweiten – auf entsprechende Literatur im Buchhandel oder auf Seminare in diesem Bereich.

6.3.2 Essen und Trinken – gut fürs Gehirn?

Heute wird durchaus eine Verbindung zwischen Ess- und Trinkverhalten und geistiger Leistungsfähigkeit gesehen. Der Energiebedarf des Gehirns ist sehr hoch. Bei geistiger Tätigkeit wird der Stoffwechsel im Gehirn gesteigert. Das Gehirn nimmt nur zwei Prozent des Körpergewichts ein, 20 Prozent des Bluts fließen jedoch durch den Kopf. Der Körper und damit auch das Gehirn brauchen täglich eine ausgewogene Anzahl von Nährstoffen: Eiweiße, Fette, Kohlenhydrate, Ballaststoffe, Vitamine, Mineralstoffe und Wasser. Fehlen z. B. ausreichend Vitamine und Mineralien, kann es zu Gedächtnisstörungen kommen. Das Essen sollte vielseitig und vollwertig sein.

Offensichtlich sind die Essgewohnheiten und Verhaltensweisen, die gefäßbedingte Krankheiten vermeiden helfen, auch bedeutsam gegen demenzielle Erkrankungen (Gräßel, Frankfurter Demenz-Forum, 30.09.2004). Deshalb wird empfohlen, nicht zu rauchen, tierische Fette zu meiden und dafür hochwertige Pflanzenöle zu verwenden, regelmäßig Meeresfisch zu verzehren, viel frisches Obst und Gemüse und weniger Süßes zu essen. Im Laufe eines Tages kommt es zu deutlichen Schwankungen sowohl bei der Gedächtnisleistung als auch bei der körperlichen Kraft. Deshalb werden Zwischenmahlzeiten empfohlen. Sie dienen dazu, den Zuckerspiegel zu stabilisieren, der für die optimale Hirnfunktion notwendig ist. Innerhalb von 24 Stunden sollten circa zwei Liter Flüssigkeit getrunken werden.

Obwohl auch im Alter das Bewusstsein um den gesundheitlichen Wert einer ausgewogenen Ernährung vorhanden ist, achten viele Ältere nicht darauf. Wer sich einsam fühlt und nicht genügend angeregt ist, isst oft unregelmäßig und nicht gesundheitsbewusst. Es werden weniger Kalorien verbraucht als in jüngeren Jahren, so dass an Fett und Zucker gespart werden kann. Das Bedürfnis nach Flüssigkeit nimmt ab und es wird zu wenig getrunken. Es kommt vor, dass Ältere, die geistig verwirrt wirken, in Wirklichkeit unter einem chronischen Flüssigkeitsmangel leiden.

6.4 Gedächtnis und Stress

Im Alltag erfahren wir oft die negativen Auswirkungen von Stress: Die Sichtweise ist eingeengt, das Gedächtnis blockiert. Grundsätzlich ist Stress eine Reaktion des Organismus auf erhöhte Anforderungen der Umwelt. Ursprünglich als Alarmreaktion des Körpers für die Lebenserhaltung notwendig, wurden unsere Vorfahren auf Angriff oder Flucht vorbereitet. Der Körper reagiert durch eine vermehrte Ausschüttung von Stresshormonen, wie Cortisol, Noradrenalin und Adrenalin, Ansteigen von Puls und Atmung, Erhöhung des Blutdrucks, Bereitstellen von Energie, besonders auch in den Muskeln. Stressreaktionen helfen uns, körperlicher Gefahr zu begegnen und für eine begrenzte Zeit ein Leistungshoch zu erreichen. Diese Vorgänge sind nicht schädigend, es sei denn, sie folgen zeitlich eng aufeinander oder sie sind stark belastender Natur.

Chronischer psychosozialer Stress scheint die Nervenzellen im Bereich des Hippocampus zu verändern. Da der Hippocampus bei der Übertragung vom Kurzzeit- ins Langzeitgedächtnis eine wichtige Rolle spielt, führen diese neuronalen

Schäden zu einer beeinträchtigten Informationsverarbeitung (Markowitsch 2002, S.145). Viele spüren nicht mehr, dass sie ständig angespannt – gestresst – sind. Wir sollten auf die Stresssignale des Körpers achten. Durch gezielte Entspannung und regelmäßiges Bewegungstraining können wir dem belastenden Stress entgegenwirken. Wichtig ist auch, die Bewertung von Stress erzeugenden Situationen zu ändern. Wir könnten uns fragen, was wir tun können, damit eine Situation weniger belastend empfunden wird. Das eigene Anspruchsniveau überdenken, sich Hilfe holen, Positives wahrnehmen könnte hilfreich sein.

6.5 Ausfälle und Krankheiten

Unser Gehirn kann bis ins hohe Alter funktionstüchtig bleiben, wenn wir einigermaßen gesund altern. Krankheiten, die außerhalb des Gehirns liegen, wie Stoffwechselerkrankungen, Infektionskrankheiten, Vergiftungen können Hirnleistungen beeinträchtigen. Auch Tumore und Verletzungen durch einen Unfall können Ursachen sein. Die mit diesen Krankheiten einhergehenden Hirnfunktionsstörungen können behandelt werden, wenn ihre Ursachen beseitigt sind. Sind circa 10 Prozent der Hirnleistungsstörungen auf diese Ursachen zurückzuführen, so liegt der Anteil der Gefäßkrankheiten, z. B. Durchblutungsstörungen des Gehirns oder Schlaganfälle, bei circa 15 Prozent. Auch bei ständigem Alkoholmissbrauch und während einer schweren Depression ist die Arbeitsweise des Gedächtnisses beeinträchtigt (Markowitsch 2002, S. 146).

Kommt es zu begrenzten Schädigungen im Hirnsystem, so ist es möglich, dass dank der parallelen Verarbeitung und der Komplexität vieler Lernvorgänge unbeschädigte Neuronen erhalten bleiben, die die gespeicherten Informationen reproduzieren können (vgl. Kupfermann/Kandel 1996, S. 683). 20 bis 25 Prozent der Hirnleistungsstörungen haben „gemischte Ursachen", d. h., sie sind sowohl gefäßbedingt als auch degenerativ. 50 Prozent aller Demenzen (Hirnleistungsstörungen) beruhen auf degenerativen Veränderungen im Gehirn, dann sind die Nervenzellen und einzelne Überträgerstoffe betroffen. Zu den degenerativen Krankheiten gehören vor allem das Parkinson-Syndrom und die Alzheimer-Krankheit. Das Parkinson-Syndrom äußert sich durch starkes Zittern, Muskelverspannung, Verlangsamung und Einschränkung der gesamten Motorik und Gedächtnisverlust. Es wird vor allem durch den Mangel des Überträgerstoffes Dopamin hervorgerufen. Mit Medikamenten, die den Mangel an Dopamin ausgleichen sollen, und dem Einsatz von Gehirnschrittmachern wird versucht, dieser Krankheit Herr zu werden.

„Ich krieg' schon Alzheimer", dieser lockere Spruch, wenn einmal etwas vergessen worden ist, stimmt glücklicherweise mit der Realität des so Sprechenden nicht überein. Tatsache ist jedoch, dass im höheren Lebensalter die Gefahr, an einer Altersdemenz zu erkranken, zunimmt. Bei den über 85-Jährigen ist ein Drittel betroffen (Gräßel, Frankfurter Demenz-Forum, 30.09.2004). Die Ursachen von Morbus Alzheimer sind noch nicht geklärt. Es wird vermutet, dass der Mangel an Überträgerstoffen, insbesondere Acetylcholin, entzündliche Vorgänge im Gehirn, bei frühem Ausbruch der Krankheit auch Erbfaktoren und Ablagerungen aus unlöslichen Eiweißstoffen, eine Rolle spielen. Diese so genannten Plaques blockieren immer mehr die Nervenzellen, die nach und nach absterben. Alzheimer verläuft in mehreren Stadien, die von Gedächtnisverlust und Verlust der Orientierungsfähigkeit bis zum Zerfall der Persönlichkeit führen. Der Verlauf der Krankheit ist bisher nicht aufzuhalten, Medikamente können sie nur hinauszögern. Im ersten Stadium der Alzheimer Krankheit ist ein Training des Gedächtnisses, insbesondere in Zusammenhang mit Bewegung zu empfehlen, da die motorischen Funktionen im Vergleich zum Gedächtnis länger erhalten bleiben,. Im fortgeschrittenen Stadium sind die Patienten allerdings überfordert.

Viele Hirnleistungsstörungen sind behandelbar, wie wir oben gesehen haben. Die Deutsche Seniorenliga, die sich als Interessenvertretung der Älteren versteht und z. B. auch Forschungsprojekte fördert und Fortbildungsmaßnahmen veranstaltet, empfiehlt die so genannte ABCD-Therapie: Arzneimittel, Bewegung (Schwimmen, Fahrrad fahren usw.), Cerebrales Training (Gehirntraining) und eine geeignete Diät (im Sinne von mineral- und vitaminreicher Ernährung und circa zwei Liter Flüssigkeit täglich (vgl. Deutsche Seniorenliga 1995, S. 15)

Literatur

Baumann, H./Leye, M. (1995): Das SIMA-Projekt. Psychomotorisches Training. Ein Programm für Seniorengruppen. Göttingen

Deutsche Seniorenliga (Hrsg.) (1995): Die geistige Beweglichkeit erhalten. Bonn

Gehirn auf Trab – mehr Blutgefäße. In: Geistig Fit 1/1999, S. 9

Gräßel, E.: Vortrag auf dem Frankfurter Demenz-Forum am 30.09.2004. Frankfurt a. M.

Kupfermann, I., Kandel, E.: (1996): Lernen und Gedächtnis. In: Kandel, E., Schwartz, J., Jessell, T. (Hrsg.) (1996): Neurowissenschaften. Eine Einführung, S. 668–684. Heidelberg

Lehrl, S./Fischer, B. (1994): Gehirn-Jogging: Selber denken macht fit. Ebersberg

Markowitsch, H.-J. (2002): Dem Gedächtnis auf der Spur. Darmstadt

Oswald, W. D./Rödel, G. (Hrsg.) (1995): Das SIMA-Projekt. Gedächtnistraining. Göttingen

Selkoe, D. J. (1994): Alterndes Gehirn – alternder Geist. In: Spektrum der Wissenschaft. Verständliche Forschung: Gehirn und Bewusstsein. Heidelberg, S. 2–11

Wilhelm, K. (1994): Kondition nützt auch dem Kopf. In: GEO Wissen. Körper – Bewegung – Gesundheit, H. 1, S. 108–109

7. Gehirn- und Lerntraining – positive Aspekte und Erfahrungen

7.1 Positive Aspekte

Die Erfahrungen mit unserem Gedächtnis lehren uns, dass wir uns einiges gut behalten, anderes weniger gut. Es fällt uns im Allgemeinen leicht, Gesichter zu erkennen, beim Erinnern von Namen und Zahlen haben die meisten Menschen Probleme. Auch verblüfft uns, dass verschiedene Gedächtnisleistungen bei verschiedenen Personen ganz unterschiedlich ausgeprägt sind. Dies deutet auf genetische Unterschiede in den Gedächtnisleistungen hin. Wir können unser Gedächtnis an sich nicht verbessern, aber durchaus Teilaspekte unserer Gedächtnisleistungen. Im Kapitel 5 haben wir erfahren, dass es mit bestimmten Lernstrategien und Mnemotechniken möglich ist, z. B. unser Namens- und Zahlengedächtnis zu verbessern. Unser Gedächtnis wird in hohem Maße von unseren Gefühlen, Interessen und unserer Motivation bestimmt. Oft sind schlechte Gedächtnisleistungen durch einen Mangel an Aufmerksamkeit und Konzentration bedingt. So können wir unser Gedächtnis verbessern, wenn wir uns an folgende Regeln halten:

- bewusst wahrnehmen,
- sich konzentrieren (für Entspannung sorgen),
- möglichst viele Sinne einsetzen,
- emotional positiv eingestellt und motiviert sein ,
- Informationen durch Bilder verdeutlichen (Gedächtnistechniken anwenden),
- neue Sachverhalte mit bereits vorhandenem Wissen verknüpfen,
- umfassende Informationen strukturieren (nach Strukturen suchen, Kategorien bilden),
- die neuen Informationen nutzen (aktiv wiederholen).

Zusätzlich können wir unser Gehirn durch angemessene Ernährung, Bewegung, ausreichend Schlaf, Verringerung bzw. Vermeidung von Stress positiv beeinflussen. Dies gilt für alle Altersgruppen. Untersuchungen mit älteren Menschen haben einen weiteren Aspekt hinzugefügt: Die Gefahr, an einer Demenz zu erkranken, kann durch kognitives Training mehrere Jahre hinausgezögert werden.

In einer amerikanischen Studie wurden 469 ältere Personen zwischen 75 und 85 Jahren (zu Beginn ohne Demenz), zu Hause lebend, über einen Beobachtungszeitraum von fünf Jahren zu psychosozialen Risikofaktoren für Demenzen untersucht. Das Ergebnis aus dem Jahr 2003 lautet, dass diejenigen, die regelmäßig geistiv aktiv sind, den Ausbruch einer Demenz um sechs bis sieben Jahre nach hinten verschieben können (Gräßel, Frankfurter Demenz-Forum, 30.09.2004).

Ein spezielles Programm für Seniorengruppen wurde von Mitarbeitern des Instituts für Psychologie der Universität Erlangen-Nürnberg unter Prof. Oswald im Rahmen des Forschungsprojekts „Bedingungen der Erhaltung und Förderung von Selbstständigkeit im höheren Lebensalter (SIMA)" entwickelt. Im Mittelpunkt standen das Training von bestimmten Grundfunktionen des Gehirns, die Vermittlung von Gedächtnistechniken, Bewegungsübungen und insbesondere der alltagspraktische Bezug (vgl. Oswald/Rödel 1995, S. 14 f.).

Im Rahmen dieser Langzeitstudie zwischen 1991 und 1996 wurden Trainingsprogramme mit 340 Teilnehmenden, die im Durchschnitt 79,5 Jahre alt waren, durchgeführt. Die Teilnehmenden trainierten einmal wöchentlich während eines Jahres in verschiedenen Gruppen. Interessant ist, dass nach einjähriger Übungsphase beachtliche Trainingseffekte erzielt wurden. Konzentration, Aufmerksamkeit, Informationsverarbeitungsgeschwindigkeit und Sekundärgedächtnisprozesse waren verbessert. Auch ein Jahr später konnten diese Trainingsauswirkungen noch festgestellt werden. 46 Teilnehmende erkrankten im Untersuchungszeitraum an Demenz. Als bedeutendste Demenzrisiken ließen sich geringe kognitive Leistungen in mehreren Bereichen und das Auftreten einer Frühsymptomatik erkennen. Die Untersuchung ergab, dass das Risiko, an einer Demenz zu erkranken, geringer war nach einem Gedächtnis- und Psychomotorik-Training (6,7 Prozent im Vergleich zur Kontrollgruppe ohne Training 15,7 Prozent, bei einem Kompetenz- und Psychomotorik-Training waren es 10,3 Prozent).

Auch in dieser Untersuchung wird dokumentiert, dass der Beginn einer Demenz durch ein vielseitiges Trainingsprogramm erfolgreich hinausgeschoben werden kann (Gräßel, Frankfurter Demenz-Forum, 30.09.2004).

7.2 Erfahrungen aus unserer Kurspraxis

Die Teilnehmenden eines Gehirntrainingskurses machen unterschiedliche Erfahrungen: Persönliche Erfahrungen mit Lernen in der Schule und im Beruf, die manchmal wenig ermutigend waren, werden bewusst. Eingeübtes, routiniertes Lernverhalten wird überprüft. Das eigene Leistungsvermögen – Stärken und Schwächen des Gedächtnisses – wird durch Übungen und im Austausch mit der Gruppe sichtbar. Die Stärken können ausgebaut, die Schwächen in gewissem Umfang ausgeglichen werden. Nie ist das Gedächtnis an sich schlecht, sondern einzelne Bereiche sind nicht zufriedenstellend. Die Teilnehmenden entwickeln ein Gespür dafür, wo Blockaden sind und Einflüsse von außen auf den Umgang mit dem Gedächtnis eingewirkt haben. Sie erwerben Wissen über die theoretischen Grundlagen und die Veränderungen des Gedächtnisses im Alter. Sie werden so kompetent im Umgang mit dem eigenen Gedächtnis und können ihr Wissen auch weitergeben. Sie stellen oft fest, dass es nicht am Gedächtnis an sich liegt, sondern an den Voraussetzungen, die zum gelungenen Lernen gehören, wie Wahrnehmung, Aufmerksamkeit, Konzentration, Motivation. Sie lernen Strategien des Einprägens und Abrufens kennen und prüfen sie im Hinblick auf die Verwertbarkeit für sich selbst. Sie haben Gelegenheit, sich mit anderen zu treffen, sich untereinander auszutauschen und Spaß zu haben.

Die Vermittlung lernpsychologischer und neurobiologischer Erkenntnisse schafft die Grundlage, in Zukunft Informationen erfolgreicher verarbeiten zu können. Das Übungsprogramm ermöglicht die Auseinandersetzung mit den Fähigkeiten des eigenen Gedächtnisses, erläutert auf praktische Weise Gehirnfunktionen und dient dem eigentlichen Training. Diese Schwerpunkte – Theorie, praktische Übungen und Gruppenerlebnisse – sollten gut ausbalanciert sein. Die Umsetzung neuer Strategien in den Alltag fällt oft schwer. Trotzdem stellen wir fest, dass viele Aspekte („Wie gut ich behalte, hängt von meiner Wahrnehmungs- und Konzentrationsfähigkeit ab." „Wenn ich mir ein Bild mache, behalte ich besser." „Ich finde mich jetzt schneller in einer fremden Umgebung zurecht") in den Alltag übernommen werden. Die anfängliche Skepsis verschwindet oft, wenn wiederholt angewandte Strategien im Kurs Erfolge zeigen. Konzentration, Wahrnehmung, die Informationsverarbeitungsgeschwindigkeit und der Abruf aus dem Langzeitgedächtnis können auch nach unserer Erfahrung verbessert werden, wenn die Teilnehmenden mehr als zwei Kurse besuchen. Dies gilt auch für die Älteren, die von den Lerntechniken profitieren und Gedächtnisschwächen ausgleichen können.

Auch die Kursleitenden verfügen nicht über das „perfekte" Gedächtnis. Sie haben zwar einen Wissensvorsprung und können eigene und Erfahrungen anderer Teilnehmender mit einbringen. Ein Kurs wird jedoch nur dann gelingen, wenn gemeinsam neue Lernerfahrungen gemacht werden. Der Austausch untereinander stellt daher einen wesentlichen Aspekt im Kurs dar.

Zusammenfassung

Auf Grund der Erfahrungen im Umgang mit den Bedürfnissen der Teilnehmenden bestehen die Ziele eines Gehirntrainingskurses deshalb darin,

- die eigenen Fähigkeiten des Gehirns zu erkennen,
- die Arbeitsweise des Gehirns und die Veränderungen im Alter anhand lernpsychologischer und neurobiologischer Erkenntnisse kennen zu lernen,
- Strategien des Behaltens und Abrufens auszuprobieren und ihre Umsetzung in den Alltag zu fördern,
- mit vielseitigen Übungen das Gedächtnis zu trainieren,
- das Selbstvertrauen in das eigene Gedächtnis zu stärken,
- im Sinne einer ganzheitlichen Betrachtungsweise die Aufnahme- und Erinnerungsfähigkeit zu aktivieren,
- den Erfahrungsaustausch mit anderen anzuregen und eine gute Gruppenatmosphäre zu schaffen,
- Freude und Spaß am Gehirntraining zu vermitteln.

Literatur

Gräßel, E. (2004): Vortrag auf dem Frankfurter Demenz-Forum, 30.09.2004. Frankfurt a. M.

Oswald, W. D./Rödel, G. (Hrsg.) (1995): Gedächtnistraining – Das SIMA-Projekt. Göttingen

Anhang

Verzeichnis der Abbildungen und Tabellen

Verzeichnis der Übungen

Weiterführende Literaturhinweise

Übungsbücher zum Gehirntraining (eine Auswahl)

Buzan, T./Stanek, W. (2000): Memory Power. München
Geisselhart, R./Burkart, C. (1997): Gedächtnispower. München
Geistig fit – Aufgabensammlungen, GehirnJogger-Zentrale, Postfach 1147, 85552 Ebersberg
Kolb, K./Miltner, F. (1999): Gedächtnistraining. München
Kolb, K./Miltner, F. (1999): Fit im Kopf. München
Kopf-Training/Pocket Quiz (2003). Kempen
Lapp, D. C. (1998): Nichts mehr vergessen! Reinbek
Minninger, J. (2004): Gutes Gedächtnis – das Erfolgsgeheimnis. Baden-Baden
Ott, E. (1997): Optimales Denken. Reinbek
Stenger, Ch.(2004): Warum fällt das Schaf vom Baum? Frankfurt a. M.
THINK (1996): eine Reihe von Spielen, kombiniert mit Trainingsbüchern zum Gedächtnistraining. Ravensburg
Werneck, T. (1996): Denkspielereien für helle Köpfe. Niedernhausen
Werneck, T. (1997): 111 Spielideen, das Gedächtnis zu trainieren. Niedernhausen
Zehetmaier, H., Stanek, W. (2002): Gedächtnistraining. Niedernhausen

insbesondere für Gehirntraining mit Älteren in Gruppen geeignet:

Normann, U. (1994): Heiteres Gedächtnistraining, Wortspielereien im Großdruck nach der Stengel-Methode. Stuttgart
Oppolzer, U. (1996): Gehirntraining mit Phantasie und Spaß. Dortmund
Oswald, W. D./Rödel, G. (Hrsg.) (1995): Das SIMA-Projekt – Gedächtnistraining, ein Programm für Seniorengruppen. Göttingen
Schmidt, G. (1993): Gedächtnistraining für Senioren. München
Stengel, F. (1993): Gedächtnis spielend trainieren. Stuttgart
Stengel, F. (1993): Heitere Gedächtnisspiele, Spielleiterband, Spielmappen und Tonkassette. Stuttgart

Lerntechniken

Leitner, S. (1995): So lernt man lernen. Freiburg
Metzig, W./Schuster, M. (1998): Lernen zu lernen. Berlin/Heidelberg
Schräder-Naef, R. (1991): Lerntraining für Erwachsene. Weinheim/Basel

Unterrichtsmedien

Scharf/Jungbauer 1999: Folienatlas Menschenkunde und Gesundheitserziehung. Baierbrunn. Er enthält in zwei Bänden 80 Overhead-Folien mit anatomischen Illustrationen, zusätzlich Lehrerinformationen und kopierfähige Arbeitsblätter für den Unterricht. 410 Euro zzgl. 16 % MWSt. Zu beziehen über den Wort & Bild Verlag: 82065 Baierbrunn, Telefon 089/74433-270, Fax 089/74433-208

ein Blick ins Internet

www.gedaechtnisonline.de
www.gehirnjoggerzentrale.de
www.memoryxl.de

Lösungen

Übung 5:
18 Muster insgesamt

Übung 6:
Die Wörter Lageplan, Oberhemd, Schere und Spieluhr kommen doppelt vor.

Übung 14:

Tätigkeiten
ausgeführt mit

Hand	Augen	Beinen	Kopf
greifen	sehen	rennen	denken
fassen	blinzeln	laufen	nicken
zupacken	erblicken	trampeln	raten
boxen	beäugen	stampfen	kritisieren

Übung 15:

Sportarten

Einzelsport	Mannschaftssport	Zweikampfsport
Schwimmen	Fußball	Fechten
Laufen	Handball	Tennis
Skilaufen	Basketball	Ringen
Kugelstoßen	Volleyball	Boxen

Übung 16:
1. Tomate
2. Zürich (keine Hauptstadt), aber auch London wäre möglich (liegt nicht auf dem Festland)
3. Notizblock
4. rund (ist abgegrenzt, die anderen nicht)
5. laufen (ohne Hilfsmittel), aber auch fliegen (die anderen sind Fortbewegungsmittel auf der Erde)
6. bügeln (die anderen sind handwerkliche Tätigkeiten, die Oberflächen tiefgreifend verändern)
7. Sänger (er reproduziert, die anderen sind schaffende Künstler)
8. gesund (die anderen sind Charaktereigenschaften)
9. hell (die anderen sind Tastempfindungen)

10. lesen (die anderen Tätigkeiten werden mit den Händen ausgeführt)
11. gerade (bezeichnet eine Richtung, die anderen Oberflächenbeschaffenheit)
12. sprechen (die anderen sind Sinnesempfindungen).

Übung 17:
1. schneiden, 2. Eiche, 3. Stich, 4. glatt, 5. Fest, 6. Rast (keine inhaltliche Lösung, sondern Änderung des ersten Buchstabens), 7. Moräne, 8. Rand, 9. Sänger, 10. gesund bleiben.

Übung 19:
Andersch, Bachmann, Cervantes, Dickens, Eichendorff, Fontane, Goethe, Heine, Irving, Janosch, Kleist, Lessing, Maupassant, Noll, Orwell, Poe, Quentin, Ringelnatz, Spiel, Tolstoi, Ungerer, Voltaire, Wolf, Zuckmayer.

Übung 20:
Drechsler, Duckmäuser, Dampfer, Dalmatiner, Deutscher, Donner, Dorfbewohner, Dotter, Drachenflieger, Doktor, Dichter, Dunkelziffer, Drucker, Droschkenfahrer, Diktator.

Übung 21:
Landvermesser, Stadtbewohner, Landeskind, Stadtbad, Landgraf, Stadtverkehr, Landstraße, Stadttheater, Landstreicher, Stadtarchiv, Landesbischof, Stadtverordneter, Landwirtschaft, Stadtrand, Landeskunde, Stadtkämmerer, Landhaus, Stadtstaat, Landkreis, Stadtwerke.

Übung 22:
Klaus, Hans, Jens, Lars, Nils, Clemens, Urs, Paulus, Markus, Matthias, Johannes, Thomas, Tobias, Titus, Lukas.

Übung 23:
a: C, da jedes Element in jeder Reihe an einer anderen Stelle vorhanden ist.

b: B. Bei den nach oben zeigenden Dreiecken ist der Schatten der Quadrate nach oben gerichtet, Dreiecke und Quadrate wechseln sich regelmäßig ab. Die Ausrichtung wechselt in der zweiten Reihe. In der dritten Reihe zeigt das Dreieck wieder nach oben, es muss also das Quadrat B eingesetzt werden.

Übung 24:
B

Übung 25:
1) 33 (minus 4)
2) 30 (mal 2, plus 2)
3) 8 (mal 4, geteilt durch 2)
4) 28 (plus 18, minus 13)
5) 64 (plus 5, plus 7, plus 9 usw.)
6) 108 (geteilt durch 2, mal 3)
7) 54 (minus 3, mal 3, plus 3)

Übung 26:
Zu Beginn setzt sich die Formel so zusammen, dass aus der Differenz des größten Kruges und der geforderten Wassermenge berechnet wird, wie viele der kleineren Krüge aus dem Wasser des größten gefüllt werden müssen. Ab Lösung 7 wird es einfacher: Haben Sie es gemerkt? Offensichtlich lässt sich das Gehirn vom einmal eingeschlagenen Lösungsweg leiten, selbst dann noch, wenn der Lösungsweg viel einfacher wird.

Aufgabe 3: 99 l = B – 2C – A
Aufgabe 4: 5 l = B – 2C – A
Aufgabe 5: 31 l = B – 2C – A
Aufgabe 6: 14 l = B – 2C – A
Aufgabe 7: 20 l = A – C
Aufgabe 8: 18 l = A + C
Aufgabe 9: 25 l = A – C
Aufgabe 10: 6 l = A – C
Aufgabe 11: 22 l = A + C

Übung 27:
Das Ziel der Aufgabe ist eine Gleichverteilung von Obst und Körben. Dabei ist die Überlegung wichtig, dass Sie leere Körbe füllen oder halbvolle zusammenschütten können. Da drei Schwestern bedacht werden sollen, muss am Ende alles durch 3 teilbar sein. Vier der sieben halbvollen Körbe werden zu zwei vollen. Damit sind nun 9 Körbe voll, 21 leer und drei halbvoll. Jede Schwester bekommt 3 volle Körbe, einen halbvollen und sieben leere.

Übung 28:
Sicher wissen Sie, dass um sechs Uhr der letzte Gast ging und dass die Gäste im Stundenrhythmus weggingen, und zwar von ein Uhr morgens an je die Hälfte der Anwesenden. Sie müssen von sechs Uhr an beginnen, um rechnen zu können und nicht raten zu müssen. Ein Gast um sechs, dann waren um fünf Uhr noch zwei da, um vier Uhr vier Gäste, um drei Uhr acht, um zwei Uhr sechzehn und um ein Uhr zweiunddreißig. Das Fest hat folglich mit vierundsechzig Personen begonnen.

Übung 29:
Hans. Wir wissen: Hans ist größer als Klaus, daraus lässt sich logisch folgern: Jeder, der kleiner ist als Klaus, ist auch kleiner als Hans.

Übung 30:
Wir wissen: Erstens: Sektflaschen sind mit übergroßen Korken verschlossen, die mit Draht fixiert sind. Zweitens: Sektflaschen stehen durch die enthaltene Kohlensäure unter Druck. Drittens: Wir lösen den Draht und der entweichende Druck treibt den Korken heraus. Folgerung: Fehlt die Kohlensäure, lässt sich der viel zu große Korken nur mit besonderem Kraftaufwand oder gar nicht ziehen.

Übung 31:
Die Frage muss so gestellt werden, dass Sie den Wahrheitsgehalt sofort überprüfen können. Zum Beispiel: Regnet es jetzt? Wenn es gerade regnet, antwortet Fabian mit nein, Florian mit ja. Mit einer einzigen Antwort verraten Ihnen die Zwillinge, wer wer ist. Alle Fragen, die sich zum Beispiel auf Sie selbst beziehen, lassen sich sofort überprüfen!

Übung 32:

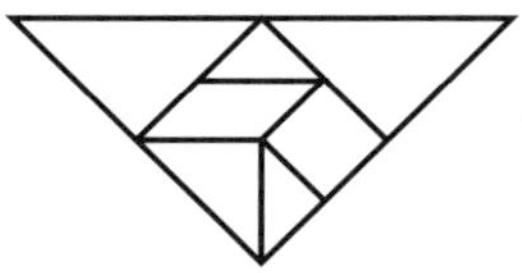

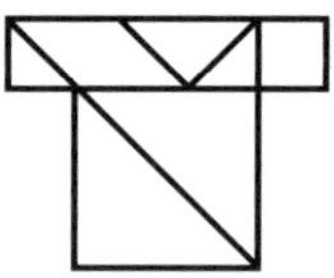

Übung 33:

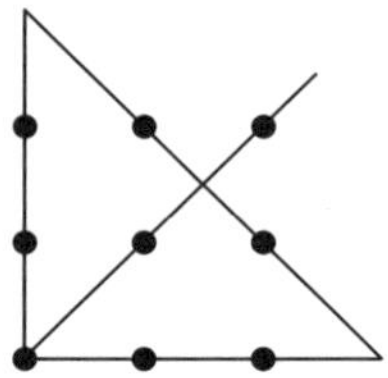

Übung 35:

A6 F6
B4 G7
C7 H4
D3 I3
E6 J1

Übung 36:

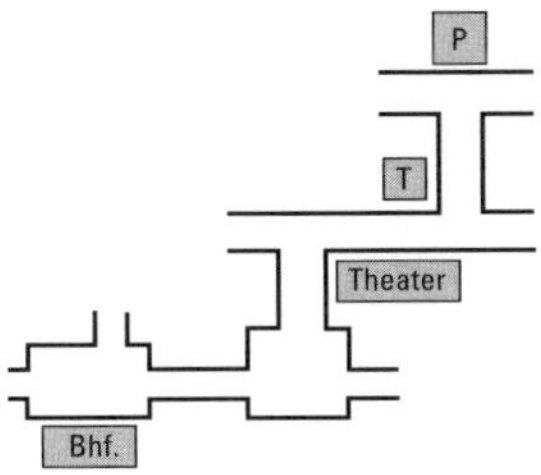

Übung 38:
Stellen Sie die Art und die Anzahl der verschiedenen Symbole fest, zählen Sie dann nach Arten getrennt, und zwar die schwarzen gleich doppelt.

kleine Kreise	9
große Kreise	3
Ellipsen	10
kleine Rechtecke	12
große Rechtecke	18

Übung 40:
Eine Hand wäscht die andere. Ein Unglück kommt selten allein. Übung macht den Meister. Man soll den Tag nicht vor dem Abend loben. Ford, die tun was. Hauptsache, Allianz versichert. Jeder ist seines Glückes Schmied. Aller guten Dinge sind drei. Müßiggang ist aller Laster Anfang. Lügen haben kurze Beine.

Übung 41:
Beispiele: See, Fluss, Quelle, Kaulquappen, Fischfilet, Seerosen, Springbrunnen, Wassernot, Brunnen, verbrannte Erde, Wasserhahn, Kanalisation, Überschwemmung, fruchtbares Land, Katastrophe, verdursten, Wüste, Dusche, Wasseramsel, Mühlenrad

Übung 42:
Er hat gerade sein Examen bestanden. Er liebt heiße Schokolade. Er hat erfolgreich eine Bank überfallen. Er ist gerade Vater geworden. Er hat eine Wette gewonnen. Er hat sich soeben mit der Bedienung verabredet.

Übung 43:
zum Bauen einer Mauer, zum Beschweren eines Gurkenfasses, zum Bemalen, zum Sammeln, zum Befestigen eines Weges, als Wurfgeschoss, zum Messerschärfen, zum Murmelspiel, als Altar, als Lot, zum Behauen, als Trittstein, als Buchstütze, als Beeteinfassung.

Übung 44:
Brosche, Ring, Rad, gelungenes Spiegelei, Beißring, Schwimmreifen, CD, Garnrolle, Rundzelt, Mühlstein, Apfelring.

Autorinnen

Heide-Marie Kullmann, Dipl.-Sozialpädagogin, freiberufliche Tätigkeit in der Erwachsenenbildung, Kurse und Seminare mit den Schwerpunkten Gehirntraining und Lerntechniken, Zeit- und Selbstmanagement, Stressbewältigung. Ausbildung von Kursleitenden für Gehirntraining.

Eva Seidel, Sozialwissenschaftlerin, 1977 bis 1982 wissenschaftliche Mitarbeiterin am Soziologischen Seminar der Universität Tübingen (Schwerpunkte: Alterssoziologie, Medizinsoziologie und empirische Sozialforschung); freiberufliche Tätigkeit in Unterricht und Forschung; seit 1987 Mitarbeiterin der Volkshochschule Frankfurt am Main, Arbeitsschwerpunkt: Konzeptentwicklung „Altersakademie".